Um Olhar Através de... Máscaras
uma possibilidade pedagógica

3 COLEÇÃO MACUNAÍMA NO PALCO: UMA ESCOLA DE TEATRO

Edição de texto: MARCIO HONORIO DE GODOY
Revisão de provas: IRACEMA A. DE OLIVEIRA
Capa e projeto gráfico: SERGIO KON
Produção RICARDO NEVES, SERGIO KON, RAQUEL FERNANDES
ABRANCHES, ELEN DURANDO E LUIZ HENRIQUE SOARES

Renata Kamla

Um Olhar Através de...
Máscaras

uma possibilidade pedagógica

CIP-Brasil. Catalogação-na-Fonte
Sindicato Nacional dos Editores de Livros, RJ

K23u

    Kamla, Renata
    Um olhar através de... máscaras: uma possibilidade pedagógica / Renata Kamla. – 1. ed. – São Paulo : Perspectiva: Teatro Escola Macunaíma, 2014.
    168 p. ; 21 cm. (Macunaíma no palco : uma escola de teatro; 3)

    Inclui bibliografia
    ISBN 978-85-273-1021-5

    1. Teatro brasileiro – Hisória e crítica. 2. Teatro – Estudo e ensino. I. Título. II. Série.

14-17068   CDD: 792.0981
                                             CDU: 792(81)

22/10/2014   22/10/2014

DIREITOS RESERVADOS À

EDITORA PERSPECTIVA S.A.

AV. BRIGADEIRO LUÍS ANTÔNIO, 3025
01401-000 SÃO PAULO SP BRASIL
TELEFAX: (011) 3885-8388
WWW.EDITORAPERSPECTIVA.COM.BR

2014

Aos meus pais,
José Paulo Funck Kamla (in memoriam)
e Marilda Ferreira Kamla.

Ao amigo
José Eduardo de Paula

Sumário

Prefácio
por Armando Sérgio da Silva
13

Introdução
15

1. As Escolhas Iniciais
25

2. A "Experiência" Com a Máscara Neutra
35

3. As Máscaras Expressivas e Suas Relações /
O Jogo Entre Elas e Por Elas. Abrindo Possibilidades
47

4. O "Nariz Vermelho"
63

5. O Procedimento Pedagógico do Registro
69

6. Mas, Afinal, o Que É a Máscara?
75

7. Uma Possibilidade Pedagógica
81

8. A Máscara Pelo Nosso Olhar
85

9. Os Passos Trilhados Pelos Atores-Aprendizes /
Procedimento Cênico
91

10. Descrição das Cenas Criadas e as Máscaras
Utilizadas Pelos Atores
101

11. As Fendas. Sementes Lançadas. Futuros Frutos...
137

Apêndice – Considerações de Cada "PesquisAtor"
143

Bibliografia
163

Agradecimentos

O projeto que originou esta publicação foi fruto de dois anos e meio de pesquisa que contou com o incentivo, colaboração e parceria de muitas pessoas e instituições.

Agradeço imensamente:

Aos queridos atores que participaram desta pesquisa, acreditaram e confiaram em mim, compartilhando todos os momentos de perdas, conquistas e aprendizagem: Adriana Ribeiro, Brunno Oliver, Denise Verreschi, Gustavo Guerra, Henrique Reis e Lindsey Zilli.

A Alice Monterosso e Nayara Armelin, pela contribuição inicial.

Aos meus "anjos da guarda" e colaboradores constantes: Giovanni Peixoto e William Zimolo.

Ao meu orientador, professor Armando Sérgio da Silva, pela oportunidade, confiança e incentivo de todas as horas.

Ao Centro de Pesquisa em Experimentação Cênica do Ator (Cepeca), ao professor Eduardo Tessari Coutinho e em especial à amiga Renata Mazzei Batista.

Ao Teatro Escola Macunaíma pelo espaço e parceria, em especial à coordenadora pedagógica, Debora Hummel, e à secretária Nayara Teles.

Aos amigos que, com palavras encorajadoras, sempre estiveram presentes.

A Nilce Xavier, pela paciência.

A Karen Francis, pela disponibilidade e carinho.

A todos os meus alunos de ontem, de hoje e de sempre, que me fazem prosseguir! Acreditar!

Prefácio

Falar sobre as qualidades deste trabalho seria falta de modéstia, visto que faço parte dele como orientador. Prefiro contar uma história.

Eu ensinava interpretação no Departamento de Artes Cênicas da ECA. Iniciava o estudo de alguns procedimentos que iriam se transformar em minha tese de livre docência, denominada *Interpretação: Uma Oficina da Essência*.

Naqueles tempos todos os alunos podiam escolher a cena que quisessem interpretar, desde que fosse Shakespeare. Entendia que um texto de qualidade duvidosa poderia transmitir ao ator dúvidas sobre o seu futuro ofício. Os alunos se dividiam em duplas ou trios, por vezes alguns solitários enfrentavam monólogos, e escolhiam qualquer cena da obra de Shakespeare.

Na sala de aula foi que percebi, pela primeira vez, uma loirinha, com um rosto muito vivo e bastante afoita, chamada Renata Kamla. Trazia a tiracolo um garoto chamado Marcelo Lazzaratto (hoje um diretor e professor muito prestigiado no meio teatral). Apresentaram-se como aspirantes a Petrúquio e Catarina, personagens de *A Megera Domada*.

Naquela época já senti a força e perseverança de Renata, quando nos momentos mais difíceis da composição ela se dedicava ainda com maior fervor e disciplina. Ambos fizeram uma bela cena, da qual eu não esqueço até os dias de hoje.

Passaram-se muitos anos e estava eu, certo dia, numa reunião do Cepeca[1], do qual sou fundador e coordenador geral, quando percebi a presença de uma moça que não me parecia estranha. Logo a reconheci. Era a intrépida "Catarina", Renata Kamla. Abraçamo--nos fortemente para matar as saudades.

– E aí? – Perguntei.

– Sou professora e vim para iniciar uma pesquisa. – Ela disse.

– Você sabe que sempre será bem vinda. – Eu disse, sem pestanejar.

Foi nesse momento que começou a história deste livro.

Num primeiro instante, seu projeto era um pouco difuso, mas, aos poucos, começou a se configurar como dos mais interessantes.

Neste livro o leitor poderá conhecer, de uma maneira nova e mais ampla, o conceito de "máscara", e entender como o seu uso pode facilitar a construção da personagem.

É um livro dedicado tanto aos professores de interpretação como aos atores em geral. A descrição detalhada dos procedimentos, bem como os depoimentos dos atores participantes, dará ao leitor um caminho rico para suas próprias criações ou sistematizações.

Renata, agora mestre em Artes, continua a mesma loirinha, com um rosto muito vivo, transmitindo aos seus alunos e a qualquer ator sua obstinação e competência.

Armando Sérgio da Silva

---

[1] "O Centro de Pesquisa em Experimentação Cênica do Ator (Cepeca) é um nicho para todos aqueles que procuram o aperfeiçoamento de suas técnicas, num fazer pensado, autônomo, rico em soluções para a cena e para o que surge de cada processo criativo. As produções casam temas e pesquisas, manobrando interesses individuais e o objetivo de experimentação para o espetáculo." C. Scudeler; A.S. da Silva, Introdução: Histórico do CEPECA, em A.S. da Silva (org.), CEPECA: *Uma Oficina de PesquisAtores*, p. 22.

Introdução

Teatro é o que acontece num determinado momento e espaço, onde alguma coisa se transforma através de movimentos, gestos, palavras e, ao transformar, modifica o ambiente e as pessoas à sua volta. Um ato teatral acontece quando o indivíduo que o executa modifica-se, colocando outra personalidade em seu lugar. É outro o seu tom de voz, outra sua aparência, trata e representa outra coisa que não a simples rotina. A personagem surge quando o ator deixa de ser simplesmente o que é para aparentar ou simbolizar algo além de si mesmo. O teatro existe desde que o homem passou a sentir esse tipo de necessidade, necessidade de sair de si, de se despersonalizar, de se disfarçar, de escapar do dia a dia para expressar outras maneiras de ser. Seja em rituais ou no teatro, experiências desse tipo sempre existiram, desde os primórdios. Num ritual, o homem, em máscara, transforma-se em deus, em animal, em forças cósmicas. A máscara provoca transformações imediatas, com ela a pessoa passa de sua condição para outra.

ANA MARIA AMARAL, *O Ator e Seus Duplos*

Entre um trabalho e outro como atriz e diretora de teatro, o desafio de dar aulas se fez presente. O encontro entre o diretor e o ator passou a ser entre professor de teatro e aluno aspirante a ator.

Durante esse percurso constato uma dificuldade latente: a de se atingir a própria consciência do fazer teatral e de sua metodologia.

Como se desenvolve o processo de criação do ator? Quais as suas funções, deveres e desafios? "A ideia de um ator que fala e age com voz própria nos remete ao conceito de *performer*."[1] O texto "El Performer", de Grotowski[2], propõe algumas diretrizes. Entende-se o *performer* como aquele artista completo, que não somente atua, mas agrega ao seu repertório todos os seus conhecimentos artísticos, dança, música, canto, habilidades corporais e várias especificidades, somando-as à sua individualidade. "O *performer* realiza uma encenação de seu próprio eu, o ator faz o papel de outro."[3] O papel do professor é instigar a descoberta dessas habilidades, fomentar o amadurecimento delas e tornar presente-consciente o repertório adquirido ao longo dos estudos.

Detecto um grande desafio em unir o pedagógico com o artístico. Como unir os procedimentos didáticos para ensinar teatro sem perder o espetacular? O que trazer de instigante para a criação artística de alunos aspirantes a atores? O que é o essencial? O que se deve aprender e como?

São muitas perguntas que surgem durante as aulas de interpretação que provocam os professores no seu fazer pedagógico e artístico. Dentre tantas adversidades e diferenças, o artístico pulsa e o pedagógico, talvez pela ansiedade, se perde para que o resultado artístico predomine.

Percebemos na prática artístico-pedagógica cotidiana que cada vez mais o teatro é visto como um meio de autoconhecimento e de percepção de si, haja visto a infinidade de cursos livres e de iniciação teatral que se apresentam atualmente no contexto teatral. Essa investigação de si mesmo vai ao encontro da pedagogia de Constantin Stanislávski, pseudônimo de Constantin Serguiêvitch Aleksiêiev (1863-1938), ator, diretor e professor de atores, criador de

---

...

1 M. Rinaldi, O Ator no Processo Colaborativo do Teatro da Vertigem, *Sala Preta*, v. 6, n. 16, , p. 139.
2 Texto publicado na revista *Máscara*.
3 P. Pavis, *Dicionário de Teatro*, p. 284. (Grifo nosso.)

INTRODUÇÃO 17

um novo estilo de interpretação baseado em naturalidade e busca de uma verdade cênica por intermédio das ações físicas.

Stanislávski buscou e pesquisou, no trabalho do ator, sua organicidade, sua "vida" e sua ética. Preocupou-se em fazer com que o ator buscasse, em seu próprio corpo, os elementos necessários para a articulação de sua própria expressão. A partir do momento em que Stanislávski coloca o trabalho do ator *sobre si* mesmo como condição precedente para o trabalho com *a personagem*, ele reinaugura e reconsidera um vetor: o ator como criador fundamental de sua própria arte[4].

No processo do conhecimento, pressupondo-se aqui o conhecimento artístico, a relação do sujeito com o outro se evidencia. No teatro, o ator, o texto e o público estabelecem por si só um "jogo". Segundo Viola Spolin: "o jogo é uma forma natural de grupo que propicia o envolvimento e a liberdade pessoal necessários para a experiência"[5], tornando os jogadores-atores mais aptos para solucionarem os problemas e os desafios que a cena propõe.

O objetivo no qual o jogador deve constantemente se concentrar e para o qual toda ação deve ser dirigida provoca espontaneidade. Nessa espontaneidade, a liberdade pessoal é liberada, e a pessoa como um todo é física, intelectual e intuitivamente despertada. Isso causa estimulação suficiente para que o aluno transcenda a si mesmo [...] A energia liberada para resolver o problema [...] cria uma explosão – ou espontaneidade – e, como é comum nas explosões, tudo é destruído, rearranjado, desbloqueado[6].

4 R. Ferracini, *Café Com Queijo: Corpos em Criação*, p. 23.
5 *Improvisação Para o Teatro*, p. 4.
6 Ibidem, p. 5.

É nesse momento da estimulação pelo ato do jogo que o ator cria e se liberta dos seus bloqueios em relação à aprendizagem e, consequentemente, dos bloqueios de criação da personagem. Sendo assim, questionei: Qual ferramenta pedagógica poderia apresentar aos alunos-atores para facilitar e instigar essa busca e esse encontro?

Trilha Percorrida. Experiências Norteadoras.

Nas minhas primeiras experiências profissionais, pude atuar explorando a linguagem do circo – e a utilização do "nariz de palhaço" – na peça *Olha o Palhaço no Meio da Rua*[7]. Recebi um nome de palhaça, Maribel, e um figurino com grandes seios de espuma que me deixavam disforme. A utilização desses acessórios e o "jogo improvisacional" com os outros palhaços me possibilitaram o encontro de um estado psicofísico[8] necessário para aquela personagem: "mulher do dono do circo que, ora se apresentava como uma velha ranzinza, ora adquiria uma docilidade romântica". O roteiro elaborado por Hugo Possolo, diretor, autor e ator, um dos criadores do grupo Parlapatões, Patifes & Paspalhões, era estabelecido, porém as ações e as possibilidades cênicas eram improvisadas, inspiradas nos *canovacci*[9] da *Commedia dell'Arte*.

---

7   Espetáculo teatral realizado pelo grupo Farândola Troupe, com roteiro e figurinos de Hugo Possolo, sob a direção de Alexandre Roit. Estreou em São Paulo em 1995.

8   Consideramos que o "estado psicofísico" se estabelece a partir da relação entre o corpo e a mente, entre o inconsciente e o consciente, entre os estímulos internos e externos, que agem simultaneamente no processo de criação do ator, unindo as "duas naturezas, a física e a espiritual" (cf. C. Stanislávski, *A Criação de um Papel*, p. 146), presentes no papel.

9   Segundo Gilberto Icle, em *O Ator Como Xamã*, p. 15, o *canovaccio* era um roteiro básico das entradas e saídas das personagens durante a cena, e continha os acontecimentos importantes para o desenvolvimento da trama.

INTRODUÇÃO

Mais tarde, estive à frente da direção de alguns espetáculos do Circo Navegador, companhia teatral fundada e dirigida por Luciano Draetta desde 1997, e exploramos o universo do palhaço de circo, com as suas "entradas e reprises", trazendo um contexto social para a dramaturgia de pesquisa do grupo. Na peça *Lavou Tá Novo* (1999), por exemplo, dois garis que estão limpando a rua encontram uma criança no lixo. Algumas sequências de esquetes circenses[10] – como a do "jornal", "abelha-abelhinha" e "lavadeiras" –, somadas aos malabarismos e às acrobacias, foram desenvolvidas e inseridas ao contexto dramatúrgico criado pelos atores Luciano Draetta e Fernando Mastrocola.

Seguindo a minha caminhada artística, encontro Bete Dorgam, atriz, diretora de teatro, professora de interpretação e doutora em Artes Cênicas pela ECA/USP, com quem fiz dois anos de curso de clown. Deparei-me não com um figurino e com acessórios, mas apenas com uma máscara: "o nariz de palhaço". Desde então, o trabalho clownesco passou a fazer parte dos meus processos de trabalho, tanto como docente quanto nos projetos profissionais.

Ao montar a peça *Tempo*, texto de Flávia Coelho e Nana Ferraz inspirado na peça *Esperando Godot*, de Samuel Becket, uma das investigações era o uso, por parte das atrizes, de toucas de látex na cabeça e o revestimento do corpo com gazes cor da pele; buscáva-mos o corpo neutro, andrógeno, nem homem nem mulher, apenas um ser vivo trazendo à tona suas primeiras sensações, buscando a comunicação.

Num outro processo, agora no âmbito escolar, como profes-sora de teatro, ao montar a peça *Senhora dos Afogados*, tragédia de Nelson Rodrigues, com um grupo de alunos, me deparei com a dificuldade de trazer o universo mitológico de Nelson Rodrigues e o estado psicofísico de cada uma das personagens para a cena logo nos primeiros estudos e improvisações da peça. No texto, há "o coro dos vizinhos", citado na rubrica do primeiro quadro

---

10 Cf. Entradas e Reprises, *Palhaços*, de M.F. Bolognesi, p. 203.

20

como "figuras espectrais"[11], e numa das passagens a personagem de
Eduarda Drumond, ao chamar um deles, assusta-se e diz:

> — Mas esse não é o teu rosto – é tua máscara. Põe teu verda-
> deiro rosto. [...] O vizinho põe uma máscara hedionda que,
> na verdade, é a sua face autêntica.[...] Os outros vizinhos
> passam a mão no rosto, como se estivessem tirando uma
> máscara, e colocam máscaras ignóbeis[12].

Surpreendi-me com essa passagem e pensei em quantas vezes
estamos com nossas máscaras e não com aquilo que queremos
expressar de verdade. A partir daí, todo o processo foi provocado
pelas reflexões sobre: O que é máscara? Quem são os verdadeiros
Misaéis, Eduardas, Moemas (personagens da peça)? Como trabalhar as prostitutas do cais sem cair nos velhos clichês? A cada
aula-ensaio os alunos-atores traziam adereços: as personagens das
prostitutas surgiram com terços, num ato de blasfêmia, e com
lanternas, o que nos possibilitou criar a imagem do fundo do mar;
coturnos pretos para os vizinhos indicavam a dureza de um exército
que oprime em contradição com a roupa branca espectral, e assim
caminhamos nas pesquisas e no desenvolvimento do espetáculo.

Percebi que a "máscara" sempre esteve presente nesses processos, não só como caracterização cênica, mas como meio e
ferramenta para a criação do ator. Cheguei, então, à proposta
da pesquisa *Um Olhar Através de... Máscaras: Uma Possibilidade
Pedagógica*, relatada neste livro: a utilização de diferentes tipos
de máscaras para ampliar e facilitar o repertório de possibilidades
criativas para o ator, através do jogo teatral, possibilitando ao aluno
perceber o seu próprio fazer criativo e os caminhos metodológicos.

Pensando o teatro como uma manifestação artística que relaciona o ator com o mundo em que vive, com o outro e com o

---

11 Cf. N. Rodrigues, *Teatro Completo de Nelson Rodrigues 2: Peças Míticas*, p. 259.
12 Ibidem, p. 267.

INTRODUÇÃO

público num *jogo* permanente, percebemos a presença do "princípio ético, da comunhão e adaptação" investigado por Stanislávski em paralelo à pedagogia de Jacques Copeau e de seu seguidor, Jacques Lecoq.

Jacques Copeau foi um importante diretor, autor, dramaturgo e ator do teatro francês. Em 1913 funda o importante Théâtre du Vieux-Colombier, em Paris. Pretendia, em suas buscas cênicas, uma renovação do teatro e, para isso, o ator deveria se tornar um criador, livre do imperialismo do texto escrito, e ter um domínio técnico exemplar, capaz de uma composição não naturalista[13].

Quando criou a escola do Vieux-Colombier, Copeau tinha como objetivo inicial formar atores para a sua companhia. O diretor-pedagogo tencionava desenvolver em seus alunos qualidades técnicas e éticas, em que o coletivo fosse o suporte. O processo pedagógico de Copeau privilegiava o trabalho corporal para refletir uma atitude interior, e a máscara pedagógica transformava-se em um instrumento processual de suma importância. "Copeau queria um ator capaz de controlar seus impulsos e ao mesmo tempo capaz de explorar sua técnica com a atuação, escuta e contaminação com o momento presente; adquirindo assim frescor na sua atuação"[14].

Jacques Lecoq foi ator, diretor, coreógrafo e pedagogo, e fundou sua escola de teatro em Paris no ano de 1956. Iniciou seu trabalho como professor de educação física, e, por meio de estudos com Jean Dasté e outros artistas que tiveram influência da teoria e da prática da École du Vieux-Columbier, desenvolveu sua própria prática de ensino, valorizando o trabalho da máscara neutra e expressiva, a improvisação, a *Commedia dell'Arte*, e o clown[15]. Na sua pedagogia, o trabalho do ator inicia-se com as improvisações silenciosas,

---

13 Cf. J.R. Faleiro, Copeau e a Máscara, *Urdimento: Revista de Estudos em Artes Cênicas*, v. 1, n. 12, p. 102.

14 J.R. Faleiro; G.C. Giannetti; N.A. Bertoli, Sobre a Poética da Atuação em Jacques Copeau: V Jornada de Iniciação Científica. Anais do XIX Seminário de Iniciação Científica de 2009, *Revista das Artes*, v. 4, n. 1, p. 3.

15 Cf. T.L., Mimo e Pantomima, *Urdimento: Revista de Estudos em Artes Cênicas*, v. 1, n. 12, p. 89.

psicológicas, trazendo, a princípio, um resgate da infância e suas memórias e, após esse procedimento, chega-se ao trabalho com a máscara neutra, proporcionando um autoconhecimento. Armando Sérgio da Silva considera que:

> No teatro o ator deve criar um novo ritual, a partir da sua própria carne, do seu corpo. E o que é esse novo ritual senão a instalação de formas codificadas, nas quais acredita corporalmente? O que é esse novo ritual, senão a instalação de uma nova fé para comungá-la com o público? [...] O teatro é uma convenção que se constrói a partir da articulação de signos no tempo e no espaço. É um ritual que pressupõe a comunhão com o público e esse ritual é comandado por um sacerdote possuidor de tal fé em suas ações e de tanta habilidade em concretizá-la que, em nenhum instante, deixa de comandar o cerimonial[16].

O "professor-diretor-pedagogo" se vê, então, constantemente desafiado a instigar o aluno-aprendiz a ter apropriação da personagem e muitas vezes há ausência de recursos e "anteparos" adequados. O autor nos fala dos seus procedimentos com os anteparos, que podem ser estímulos musicais, sensoriais, de iconografias, e de objetos para que o ator chegue à sua impressão digital: "sua maneira pessoal e intransferível de reagir a estímulos físicos"[17].

O registro aqui relatado desenvolveu-se traçando paralelos, identificações e fusões entre os autores referidos. A pesquisa tem como intuito, por meio do diálogo entre as máscaras e suas técnicas, provocar improvisos e descobertas, propiciando uma possível contribuição para a pedagogia teatral contemporânea.

As investigações práticas foram realizadas com um grupo iniciante de atores de teatro que eram norteados pelas seguintes

---

16 *Oficina da Essência*, p. 60-62.
17 Idem (org.), CEPECA: *Uma Oficina de PesquisAtores*, p. 78.

INTRODUÇÃO 23

etapas: a primeira voltada para a descoberta de si mesmo, fazendo com que o aprendiz se desprendesse de seus padrões estratificados, dando espaço à transcendência do sujeito e à espontaneidade criativa. Por meio de automassagens e exercícios de consciência corporal, nessa etapa o trabalho focou os princípios da *máscara neutra*.

Num segundo momento, houve a exploração das *máscaras expressivas*, e então cada aluno-ator escolheu um tipo de máscara para investigar. Esse procedimento, por meio das improvisações, possibilitou a percepção dos repertórios prévios de interpretação de cada participante e dos seus primeiros instintos, e assim percebemos como o "corpo-máscara" reage, e como cada um deles se relaciona e dialoga de forma espontânea e improvisacional; observamos ainda as relações entre os atores-jogadores e as máscaras, suas possibilidades de exploração vocal e de criação cênica.

Para concluir o trabalho, fez-se necessária a realização de um "experimento cênico", com a utilização de um texto dramático, para a verificação desses procedimentos com as "máscaras" de forma pedagógica na criação do ator. Utilizamos a peça *Hamlet*, de William Shakespeare, como fonte inspiradora. Selecionamos algumas cenas da peça para serem investigadas e elencamos alguns temas para serem improvisados, chegando a um "resultado" inusitado.

O conceito de máscara foi ampliado, fizemos escolhas, aprofundamos os procedimentos prévios e a fundamentação das máscaras utilizadas.

Todas as etapas foram amplamente registradas por meio de fotos, filmagens e anotações pessoais dos integrantes do grupo e do pesquisador, que continuamente as discutia com seu orientador e com os integrantes do Cepeca. Embora já conhecido e explorado, o universo da máscara é tão amplo e misterioso que acreditamos que ainda possa instigar os novos alunos e jovens atores na sua "formação", por ser uma linguagem específica, possível de ser aprendida, (*re*)*significada*, ampliada e explorada de várias maneiras. Expomos aqui a ideia de se institucionalizar esses procedimentos como ferramenta pedagógica para qualquer montagem teatral e também para o autoconhecimento e evolução artística de cada sujeito, ampliando suas visões de mundo e artísticas.

Acreditamos ser fundamental trabalhar a relação da subjetividade de cada ator e do grupo em que está inserido, estabelecendo trocas e misturas. A pesquisa aqui apresentada vem mostrar que o trabalho com as máscaras pode ser um caminho de muita descoberta, criação, possibilidades e jogo.

1.

As Escolhas Iniciais

O Grupo de Trabalho [1]

Estando originalmente a investigação que resultou neste livro inserida na linha de pesquisa da Pedagogia do Teatro: A Formação do Artista Teatral[2], escolhemos trabalhar com atores recém-formados e com outros que ainda participam do curso de interpretação. Todos fizeram a mesma escola técnica de formação de atores, o Teatro Escola Macunaíma, cuja metodologia segue o sistema das ações físicas de Stanislávski, que tem como princípio básico a investigação do papel por meio das circunstâncias dadas ou imaginadas, acontecimentos e ações, buscando sempre manter a verdade dentro da realidade proposta no texto dramatúrgico[3]. Começamos o trabalho no dia 8 de fevereiro de 2010 e continuamos nos encontrando uma vez por semana. Iniciamos o processo com oito jovens atores e o finalizamos com seis. É possível perceber, na formação dos integrantes, a diversidade de profissões, de idade

1 Formado pelos atores Adriana Ribeiro, Brunno Oliver, Denise Verreschi, Gustavo Guerra, Henrique Reis e Lindsey Zilli.
2 Programa de Pós-Graduação em Artes Cênicas da Escola de Comunicações e Artes da Universidade de São Paulo (PPGAC – ECA/USP).
3 Maiores esclarecimentos sobre o método das ações físicas, cf. F.S. da Costa, *A Outra Face*, p.131.

28

e de maturidade teatral. Esse panorama foi constituído de forma proposital: buscamos essas diferenças para ter mais possibilidades de abrangência pedagógica.

Primeiros Procedimentos

Seja como linguagem expressiva seja como instrumento de formação do ator, a máscara contribui para a estruturação de um corpo cênico, constituindo, em alguns casos, o campo da pré-expressividade. A ampla possibilidade de utilização da máscara reflete-se também na prática dos professores, quando percebemos que eles não se fecham em apenas uma escolha. Há aquele que a utiliza como procedimento ou instrumento pedagógico destinado ao jogo do ator, cujo aporte centra-se somente na máscara neutra. Outra possibilidade encaminha-se ao jogo da máscara expressiva e, nesse sentido, a máscara neutra funciona também como um instrumento de passagem para aquela. Por outro lado, a máscara expressiva pode servir como metodologia visando ao teatro não mascarado; sem estar atrelada à utilização da máscara neutra, embora os princípios desta sejam subjacentes[4].

Primeiro dia de trabalho, aquele frio na barriga ao olhar para aqueles "escolhidos" e pensar: O que fazer agora? Por onde começar? A insegurança de lidar com as máscaras, um tema muito estudado e sacralizado. Com o que ainda poderíamos contribuir para esse campo de atuação? Parti do estímulo que a sala, o espaço físico, estava proporcionando naquele momento: percebi uma iluminação mais escura que propiciava certa atmosfera e instintivamente comecei dali, dando sequência ao planejamento prévio de não utilizar nenhuma máscara material.

---

4 Idem, A Máscara e a Formação do Ator, *Móin-Móin*, p. 73-74.

AS ESCOLHAS INICIAIS   29

Propus uma automassagem: toque em si mesmo, partindo do rosto. Começávamos deitados, com os olhos fechados, tocando o rosto, percebendo a pele, as feições, os ossos, todos os detalhes da face e da cabeça e, aos poucos, essa exploração expandia-se para todo o corpo, partindo sempre da pele, como um limite entre o externo e o interno. Explorávamos os ossos, como se estivéssemos tocando cada osso numa investigação "quase" cirúrgica, detalhada e milimétrica, e continuávamos expandindo o toque para os órgãos internos, percebendo os batimentos cardíacos, o estômago, o fígado, os rins, o pulmão, tentando visualizar através da imaginação cada órgão interno do corpo, percebendo as cores, os diferentes tamanhos, as densidades, os líquidos e o sangue.

A respiração teve um papel fundamental nessa fase; perceber como o corpo respira. As automassagens foram envolvidas pela sonorização da expiração e inspiração: bocejar, espreguiçar, expandir e contrair-se de acordo com o ritmo estabelecido pela respiração junto com o toque.

Aconteceu naturalmente uma aproximação com os procedimentos utilizados no método de educação pelo movimento Body-Mind Centering, BMC[5], desenvolvido pela norte-americana Bonnie Bainbridge Cohen. Esse método passou a ser uma constante no início dos trabalhos do grupo de pesquisa, servindo como preparação para o trabalho com a máscara.

Após o toque individual, ainda de olhos fechados iniciava-se a percepção do outro, simultaneamente. "Como me percebo no outro?" Começávamos pela face e expandíamos o toque para todo o corpo. Às vezes formávamos um único corpo, como se fôssemos um único ser, todos envolvidos nessa sensação de "corpo com corpo", "pele

---

5 O BMC busca a organização, a articulação e a integração dos vários sistemas existentes no organismo, entre eles: o sistema ósseo, orgânico, muscular, fluido, endócrino, nervoso, sensorial e perceptivo, reflexos, reações de endireitamento e resposta de equilíbrio, e padrões neurológicos básicos. Cf. D. Zamarioli, *Do Estímulo à Composição: Descobertas de uma Atriz Através de Princípios do Método BMC®*, em A.S. da Silva (org.), CEPECA: *Uma Oficina de Atores*, p. 198.

30

com pele" e órgãos se misturando, "cabeça no coração", "mãos nos rins", "pés no estômago", um massageando o outro e sensibilizando as partes do corpo que, seguindo minhas orientações, se uniam e se afastavam. Fizemos vários desdobramentos desses procedimentos:

1. UTILIZAÇÃO DE ESPELHOS

Após o toque e a percepção do corpo todo, o ator-aprendiz devia olhar sua própria face refletida no espelho e fazer um autorretrato. Primeiro um desenho com os olhos fechados, de maneira sensorial e intuitiva, depois com os olhos abertos, olhando para o espelho. Na sequência, em duplas, um tocava o rosto do outro e fazia um desenho das feições do colega, em seguida os desenhos eram trocados para que cada um percebesse como o colega o havia desenhado, olhando-se mais uma vez no espelho e comparando com o desenho feito anteriormente.

Percepções:

Maior profundidade na cavidade ocular, nariz, contorno ao redor do nariz, maçãs fortes, pontinha arredondada do nariz, boca delicada, testa lisinha, vinco arredondado no queixo.

Percepções do desenho que fiz:

Presença de energia masculina.

Percepção do desenho que recebi:

Presença de uma energia feminina, tristeza no olhar e vinco na testa. Aparência mais nova do que a minha idade.

Percepção minha ao olhar no espelho:

Energia feminina, mas forte ao mesmo tempo. Mesma sensação de jovialidade, mas mais madura. Vejo uma criança com aspecto físico de pessoa mais velha (da minha idade mesmo, 37). A marca na testa (vinco e ruga) aprofundou.

(Depoimento de Denise)

AS ESCOLHAS INICIAIS

2. VISUALIZAÇÃO DAS CORES

Massagem no corpo do outro pensando no vermelho, no verde, no branco e no preto, percebendo como o toque se modificava quando mudava a cor e como o outro reagia a cada tipo de densidade e calor. Após a massagem, cada um começava a se movimentar de acordo com as sensações do corpo.

> Eu senti sensações bem intensas: os dois faziam movimentos em mim inspirados pelas cores. No branco eu senti aquele conforto, prazer seguro, imaginei estar nadando em uma piscina de leite condensado. O vermelho me trouxe acolhimento, calor, e também força e velocidade. Pressionavam forte meu corpo, arranhavam. O verde me trouxe suavidade, zelo, natureza. Preto me trouxe dor, incômodo, imagens de morte e ossos que vieram à minha mente, principalmente porque, quando eles me suspenderam, minha lombar estava bem pressionada no chão e tive muita dor. Ao terminar, eu não consegui ficar parado, meu corpo começou a fazer movimentos estranhos, forma de exalar aquela energia dentro de mim.
>
> (Depoimento de Brunno)

O objetivo desses exercícios era provocar sensibilização no atuante e no receptor, criando uma união entre o grupo. "O ator relaciona-se com o mundo a partir da perspectiva de um outro ser."[6]

Para continuar investigando o autoconhecimento sem passar por uma via racional, procuramos exercícios que propiciassem essas descobertas, buscando uma *espontaneidade* no agir e no falar. Na visão de Viola Spolin, a espontaneidade é "um momento de liberdade pessoal quando estamos frente a frente com a realidade e a vemos, a exploramos e agimos em conformidade com ela"[7]. Cada mínima parte do corpo funciona como um único organismo.

A ideia era não pensar, não deixar o racional dominar e fazer tudo de forma natural e involuntária. Elaboramos os seguintes exercícios:

6 F.S. da Costa, *A Outra Face*, op. cit., p.1.
7 I.D. Koudela, *Jogos Teatrais*, p. 51.

32

1. DIVISÃO DO ESPAÇO DA SALA EM FAIXAS, COMO RAIAS DE PISCINAS
Cada sujeito ia e voltava sem parar nessas raias. Aos poucos, esse caminhar transformava-se em corrida e, sem parar de correr, os atores falavam sobre "quem sou eu...", "eu gosto de...", "eu não gosto de...", "eu quero...", e assim sucessivamente durante um tempo de trinta a quarenta minutos, até deixar que as palavras viessem sem passar por uma seleção racional de julgamento, e então palavras e frases de revelação sobre si mesmo faziam-se presentes. Ao estímulo do coordenador, os atores paravam imediatamente de correr e permaneciam imóveis: "Para manter o corpo estático é preciso muita concentração e atenção. Para isso é necessário muita energia, pois energia é contenção."[8] Em seguida, propunha fazer o inverso, ou seja, movimentos em "câmera lenta". Assim, percebemos que essas contradições, corrida e parada, rápido e lento, provocavam nos atores uma *presença cênica* mais potente. As atividades físicas são fundamentais para quebrar os bloqueios corporais do ator, eliminando suas resistências, muitas vezes psicológicas, e permitindo que os impulsos internos, advindos da imaginação, se manifestem exteriormente por meio das ações físicas. O estudo detalhado dos movimentos naturais do corpo e a sua repetição possibilita a transmissão da energia interior para o exterior. Essa energia que "precede o desenrolar das ações" é determinante para a presença do ator no palco[9].

2. COLOCAR SAQUINHOS PRETOS DE LIXO NA CABEÇA
Os atores colocavam os sacos na cabeça, inspiravam e expiravam, caminhavam pela sala percebendo o escuro e sentindo a dificuldade de respirar provocada pelo saco. Em seguida, escolhiam um lugar na sala e ficavam parados, depois começavam a girar os braços e o tronco, como bonecos, mas sem sair do lugar, até deixar o campo do racional e chegar ao que chamamos de *estado alterado*

---

8 A.M. Amaral, *O Ator e Seus Duplos*, p. 28.
9 Mikhail Tchékhov, apud S.M. de Azevedo, *O Papel do Corpo no Corpo do Ator*, p. 18-19.

AS ESCOLHAS INICIAIS   33

de energia, ou seja, o desenvolvimento e controle da energia poten-
cial existente em todos os corpos no âmbito teatral, utilizando o
excedente dessa energia fora do cotidiano[10]. Assim que acabavam
de executar o estímulo proposto, os atores retiravam o plástico
da cabeça, percebiam as transformações do corpo e partiam para
uma improvisação, justamente para não ter tempo de racionalizar.
A partir do ponto em que se encontravam na sala, começavam a
improvisar o que quisessem. O objetivo nesse momento era de
liberar as potencialidades criativas, propiciar o jogo improvisacional de ação e reação sem regras, livremente. "O mundo interior
revela-se por reação às provocações que vêm do mundo exterior."[11]

O objetivo de provocar mais espontaneidade, menos raciona-
lidade e mudança de estado "psicofísico" do início para o fim do
exercício foi alcançado nos dois exercícios.

Loucura total!!! No aquecimento, após um período somente movendo
o quadril, meu braço direito começou a rodar sozinho, como numa
explosão de energia.

(Depoimento de Henrique)

---

3. O ESCURO

Constantemente trabalhávamos numa sala escura e perce-
bíamos que a pouca iluminação gerava um conforto maior. Para
um grupo que estava se conhecendo, a falta de luz propiciava a
liberdade para os toques, para a respiração e emissão de sons. A
escuridão permitia que viesse à tona o que havia de mais escondido,
revelando as verdades e os desejos mais íntimos de cada ser.

Com a sala totalmente escura, os atores faziam todos os exercícios de automassagem e massagens em duplas. O diferencial é que
a escuridão propiciava a pesquisa sonora. O ambiente escuro esti-
mulava a emissão de sons através da respiração; tanto a inspiração

•••
10 Cf. E. Barba; N. Savarese, *A Arte Secreta do Ator*, p. 74.
11 J. Lecoq, *O Corpo Poético*, p. 61.

34

como a expiração eram sonorizadas, assim como as sensações dos toques deixavam aflorar pelo som as dores, os cansaços ou os prazeres que pudessem surgir daquele momento. Apareceram músicas, ladainhas, gritos, gemidos, sussurros, que foram utilizados posteriormente no estudo das cenas.

Esse procedimento foi muito utilizado por nós: sempre que iniciávamos os trabalhos, o grupo já se colocava nesse escuro como uma forma de esvaziamento, de atingir uma calma e limpeza para se começar as criações.

4. COLOCAR-SE EM RISCO

"A acrobacia ajuda a desenvolver a qualidade da decisão", assim como um acrobata diante do salto, o ator deve agir, sem "indecisão, sem parar para refletir"[12]. Partindo dessas reflexões explanadas por Stanislávski, experimentamos alguns exercícios com esse fim.

Com os olhos vendados, os atores deveriam ultrapassar obstáculos: subir e descer de bancos e subir e descer de escadas. Os objetos eram dispostos em diferentes pontos da sala o tempo todo para que os atores não gravassem suas posições. Eles deveriam estar alertas, pois "em casos extremos, como o de perigo, é possível observar a reorganização que o corpo é capaz de realizar"[13], estabelecendo uma relação entre *corpo e mente*. "A condição humana de que fala Stanislávski, baseada em procedimentos 'psicofisiológicos que se originam em nossas próprias naturezas', pode ser definida como o 'corpo-mente-orgânico'."[14]

Esses exercícios preliminares, em conjunto com as reflexões e os estudos dos autores de referência realizados durante os primeiros meses da pesquisa nos impulsionaram à experimentação da *máscara neutra*, para aprofundar a percepção de si, do outro, do espaço e, principalmente, para viabilizar o jogo teatral.

---

12 C. Stanislávski, *A Construção da Personagem*, p. 73.
13 Y.C. Chaves, *A Biomecânica como Princípio Constitutivo da Arte do Ator*, p. 119.
14 F. Ruffini, A Mente Dilatada, em E. Barba; N. Savarese, op. cit., p.150.

2.

A "Experiência" Com a Máscara Neutra

A máscara neutra, tal como a conhecemos no século XXI, teve o seu surgimento na primeira metade do século passado, como resultado das experiências desenvolvidas com a *masque noble* (máscara nobre) no Vieux Colombier. Jacques Copeau propõe desnudar o ator dos artificialismos, da mesma forma que propunha o *treteau nu* para a cena. Num palco neutro, tudo que não é essencial sobressai negativamente, e torna-se excedente. O ator empobrece o seu ofício, principalmente no que diz respeito aos meios físicos de atuação, tornando-se literário, com a supremacia do intelecto e de declamação. Assim, Copeau propõe que se trabalhe inicialmente a escuta (de si e do outro), tomando como ponto de partida o silêncio e a calma.[1]

Considerando que:

Pedagogicamente, a máscara neutra tem uma importância crucial. Essa máscara, quando adequadamente utilizada, pode definir o trabalho do ator; pode libertá-lo de amarras muito comuns no exercício da profissão. Ela possibilita um reconhecimento da realidade corpórea de cada pessoa. Por

[1] F.S. da Costa, *A Outra Face*, p. 95.

38

meio da análise do movimento, o ator passa a compreender com o corpo, e não somente com o intelecto.[2]

Embasados nessas proposições, iniciamos as experiências. Após os aquecimentos iniciais já mencionados, como uma preparação para esse momento, era solicitado aos atores que se posicionassem num local da sala, olhando para a parede, numa posição "neutra" (o que chamei de corpo organizado: pés paralelos, braços ao longo do corpo, olhar para o horizonte e respiração calma). A partir dessa ideia os atores deveriam massagear o rosto, perceber a face e amarrar uma *fralda branca* de tecido transparente no rosto, "o jogo com a máscara requer, antes de tudo, o trabalho corporal. Ao subtrair o sistema de expressão do rosto, a máscara desvela o corpo, que se torna a ferramenta da escrita gestual no espaço"[3].

Aos poucos, os aprendizes se locomoviam como se estivessem vendo, andando e tocando em tudo pela primeira vez. "Ao emergir do estado neutro, a máscara reage sem pré-conceitos. Desprevenida, age como se percebesse o mundo pela primeira vez."[4] Em seguida, propúnhamos as seguintes etapas: o contato imaginário com os elementos da natureza: água, vento e fogo; a contemplação da natureza: mar, deserto, floresta; o sentar-se, levantar-se, reagir a um determinado som; a percepção de partes isoladas do próprio corpo; e a improvisação com o outro[5], partindo do que estávamos chamando de espontaneidade, isto é, agir somente movido pela real necessidade, sem pensar ou racionalizar antes, utilizando a contenção de movimentos.

Imaginem que têm diante dos olhos uma folha de papel branco toda rabiscada de linhas e manchas de borrões.

---

2 J. Lecoq, *O Corpo Poético*, p. 14.
3 F.S. da Costa, op. cit., p. 10.
4 A.M. Amaral, *Teatro de Animação*, p. 65.
5 "Para Lecoq, uma máscara neutra jamais se comunica cara a cara com uma outra, uma vez que não têm nada a dizer uma à outra." Cf. F.S. da Costa, op. cit., p. 96. Porém, em nossas investigações ocorreram improvisações entre elas.

A "EXPERIÊNCIA" COM A MÁSCARA NEUTRA

Imaginem ainda que lhes digam para traçar nessa mesma folha um delicado desenho a lápis... uma paisagem ou um retrato. Para fazê-lo, terão primeiro de limpar o papel, apagando as linhas e manchas supérfluas que, se permanecerem, obscurecerão e arruinarão o desenho. Em benefício dele vocês são forçados a ter uma folha de papel limpa. O mesmo acontece com o nosso tipo de trabalho. Os gestos excessivos equivalem ao refúgio, ao sujo, às manchas.[6]

Para Lecoq,

A máscara neutra é um objeto particular. É um rosto, dito *neutro*, em equilíbrio, que propõe a sensação física de calma. Esse objeto colocado no rosto deve servir para que se sinta o *estado de neutralidade* que precede a ação, um estado de receptividade ao que nos cerca, sem conflito interior. Trata-se de uma máscara de referência, uma máscara de fundo, uma máscara de apoio para todas as outras máscaras. Sob todas as máscaras, sejam expressivas ou da *Commedia dell'Arte*, há uma máscara neutra que reúne todas as outras. Quando o aluno sentir esse estado neutro do início, seu corpo estará disponível, como uma página em branco, na qual poderá inscrever-se a "escrita" do drama.[7]

Essas experimentações eram silenciosas, no sentido da não utilização da palavra. "As instruções da interpretação silenciosa levam os alunos a descobrir esta lei fundamental do teatro: é do silêncio que nasce o verbo. Paralelamente, vão descobrir que o movimento só pode nascer da imobilidade"[8].

---

6   C. Stanislávski, *A Construção da Personagem*, p. 114.
7   Op. cit., p. 69.
8   Ibidem, p. 68.

No exercício com a máscara neutra-fralda foi possível observar o outro como plateia e verificar que é bom e muito expressivo quando acontece o movimento espontâneo, como isso reverbera através do corpo transmitindo verdade. Foi possível perceber também o contrário, quando tudo isso não acontece, quando não é espontâneo ou verdadeiro, não toca a plateia. Isso me fez refletir sobre o meu próprio fazer, sobre o meu corpo, minhas ações, meus movimentos e relembrar quando executei o exercício. Pude perceber em mim quando houve momentos de verdade e espontaneidade; e quando houve momentos com excesso de movimentos, dificultando a precisão e tornando a expressão suja.

(Depoimento de Denise)

A máscara "neutra", que teve uma primeira investigação com a utilização das fraldas brancas, passou a ter outro campo de investigação a partir da sua confecção. Como não tínhamos acesso a nenhuma máscara neutra que se aproximava das de couro confeccionadas por Amleto Sartori, trabalhamos de acordo com a nossa realidade e a fizemos de papel *kraft*, para ter a cor da pele e a proximidade do humano. Esse tipo de máscara tem "a dimensão real de um rosto" e também é chamado de "máscara mortuária"[9].

A confecção da máscara "neutra", segundo a nossa perspectiva, teve como embasamento os procedimentos utilizados por Ana Maria Amaral[10]. Os alunos se dividiram em duplas e cada um fez a máscara de seu colega. Iniciamos a produção com a confecção do negativo: primeiro preparamos a pele do rosto passando uma camada de vaselina, depois cortamos uma gaze engessada em

9 Ibidem, p. 69.
10 Durante a graduação, no ano de 1989, fiz um curso de extensão com Ana Maria Amaral na USP, no qual executamos a confecção de máscaras. Em 2010, encontrei Amaral ministrando a disciplina "A Anima e o Objeto: Reflexões e Prática Sobre Teatro de Animação", do programa de pós-graduação da USP, do qual fiz parte, e essa confecção novamente aconteceu. No seu livro *O Ator e Seus Duplos*, essa confecção é mostrada nas imagens e ela diz: "Máscaras neutras, propriamente, não existem. Há nelas sempre algo que as tornam únicas e diferentes. É complicada a modelagem e confecção de uma máscara totalmente neutra, pois o neutro absoluto, não existe". (p. 45)

A "EXPERIÊNCIA" COM A MÁSCARA NEUTRA

pequenos pedaços, molhamos cada pedaço e colocamos sobre a face do colega, moldando suas feições. São necessárias de três a cinco camadas. Esperamos um pouco, retiramos com cuidado e deixamos secar. A segunda etapa consiste em fazer o positivo: misturamos gesso e água até formar uma massa; quando ela estava quase endurecendo, colocamos no negativo, esperamos secar e então a retiramos. O rosto de gesso estava pronto! Na última etapa, passamos uma camada de vaselina sobre essa face de gesso e, com pedaços de papel *kraft* cortados, amassados e embebidos em água e cola, moldamos a máscara, fazendo de três a cinco camadas, realizando uma "neutralização relativa às feições de cada um"[11].

Essa foi uma experiência única, singular, uma relação de afeto com a obra-máscara. "A energia da máscara, não necessariamente, tem um caráter místico, porém, no processo de confecção, aquele que a constrói, imprime um pouco de si na geografia do objeto."[12]

Realizamos a primeira e a segunda etapa em nosso espaço de ensaio, e a última cada participante confeccionou sozinho.

Foi muito especial fazer a máscara engessada no outro. Perceber a nuance da face, suas curvaturas, a sensação do contato da água com a gaze engessada, a princípio frio e depois a transformação em calor pelo contato do gesso da gaze com a água. Uma delícia esse trabalho com as mãos. Houve momentos de total envolvimento e absorção entre face, gaze, gesso, água e mãos. Esses momentos eram quebrados por outros momentos de descontração, fala de alguém do grupo etc. Momento de pura descontração e contato com o grupo. Adorei mexer com o gesso. Lembrou minha infância... Uma vivência totalmente descontraída e unificadora. Acredito que a partir deste ponto, se fosse possível traçar um divisor, o grupo passou a ser uma unidade.

(Depoimento de Denise)

•••
11 Ibidem.
12 F.S. da Costa, A Máscara e a Formação do Ator, *Móin-Móin*, p. 42.

42

> Fazendo a máscara em casa, foi uma terapia, eu relaxei, nem via a hora passar. Parecia uma criança com um brinquedo novo. Toda minha atenção e pensamento ficaram na construção da máscara. Fui fazendo com muito cuidado, não via a hora de secar para saber como tinha ficado minha criação. E o legal foi que eu fiz na minha garagem e TODO mundo que chegava perguntava o que estava fazendo. E ficavam lá prestando atenção no que eu fazia. Meu irmão foi campeão: ia toda hora fazer perguntas sobre como tinha feito. Eu respondia que era para a pesquisa, e que aquele era meu rosto. (Minha irmã pediu para que eu guardasse o gesso do meu rosto porque parecia uma pessoa morta.)
>
> (Depoimento de Lindsey)

Após a confecção das "nossas máscaras neutras", intensificamos a exploração da linguagem delas realizando uma série de exercícios vivenciados primeiramente por mim, num *workshop* de máscara neutra com o ator e diretor Jeremy James[13], e transmitidos aos aprendizes. Nesse breve curso nos foi apresentado os princípios de trabalho com a máscara neutra de Lecoq, no qual a coluna vertebral, as viradas de cabeça e o olhar têm uma importância. Entre outros exercícios, realizamos: a decupagem do corpo – cabeça, pescoço, esterno, pélvis; a definição de olhar pontuado – olhar no horizonte, olhar no alto, olhar no baixo; as viradas de cabeça precisas – "olhar para o passarinho"[14], triangulação com o público.

Passamos individualmente, na sala vazia e sem cenário, pelas seguintes etapas com a máscara: dormir, acordar e ver o mar; pegar uma pedra e jogar no mar; ver uma rede, pegar a rede, jogar no mar e ver a rede cair na água; entrar no mar; sair da tempestade

---

13 "Ator no Théâtre Du Soleil durante sete anos, participou das produções concebidas coletivamente de *Le Dernier Caravanserail* e *Les Éphémères*, dirigidas por Ariane Mnouchkine. Estudou com os principais artistas e mestres de toda a Europa, como Monika Pagneux, Philippe Gaulier e membros fundadores do Theatre du Complicite (Londres), e trabalhou como ator, artista, diretor e professor de artes cênicas e artes visuais nas duas últimas décadas. Ele prossegue com sua pesquisa que promove a prática interdisciplinar e o trabalho colaborativo." Disponível em: <http://www.obarco.com.br/>.

14 Cf. J. Lecoq, op. cit., p. 119-120.

A "EXPERIÊNCIA" COM A MÁSCARA NEUTRA   43

que atinge o mar, ficar caído no chão, despertar e ver uma floresta,
entrar na floresta escura; ver um pau, pegar o pau, ver um filete
de luz, seguir a luz, sair da floresta, ver a montanha, escalar a
montanha, no alto da montanha ver um vale.

Esse treino propiciou aos atores-aprendizes maior consciência corporal e gestual, maior domínio da respiração, dos espaços,
interno e externo, bem como a ampliação da imaginação e da presença cênica.

No momento em que se faz o

> uso da máscara neutra, exploram-se princípios fundamen-
> tais que permitem ao ator a capacidade de manifestar as
> suas impressões sobre os fenômenos e as coisas que se lhe
> apresentam, não se atendo ao realismo, mas à realidade sus-
> citada naquele momento. A sistematização dessa vivência
> abrange práticas, tais como: a exploração da amplitude do
> espaço; o corpo que expressa não apenas uma situação, mas
> o próprio ambiente, estabelecendo-o; o trabalho com o objeto
> imaginário, a ideia de tornar visível o que é invisível, e a
> metamorfose dos objetos. O trabalho com a máscara neutra
> apoia-se também nas dinâmicas do coletivo e, nesse sentido,
> o coro é um instrumento que explicita as diversas relações
> do jogo cênico de forma exemplar[15].

Por meio dessa possibilidade de trabalhar o *coro* na percepção
dos gestos e movimentos, realizamos e transformamos com a nossa
prática o exercício do *plateau* criado por Lecoq em sua escola.
"Trata-se de um jogo baseado no equilíbrio e desequilíbrio de um
praticável, posto em movimento pelo deslocamento dos atores",
para o "nascimento do coro"[16]. O foco é manter a estabilidade do
praticável: o ator A entra no espaço cênico delimitado tentando

■■■
15 F.S. da Costa, *A Outra Face*, p. 63.
16 Op. cit., p. 199.

44

mantê-lo sem oscilações, até que se desloca e o desequilibra, de modo que o ator B deve entrar para se posicionar em relação ao ator A, tentando manter novamente o equilíbrio do "praticável imaginário" que está suspenso por um eixo central, e assim por diante. Muitos desdobramentos do jogo acontecem, sempre em função da percepção espacial e do coletivo, com o objetivo de construir situações dramáticas claras[17]. Para Lecoq, a forma de um triângulo ou de um círculo não é eficiente, pois "em três, eles tendem a formar um triângulo equilátero; em quatro, um quadrado; em cinco, um círculo. Essas posições [...] não permitem nenhuma situação dramática representável"[18], porém buscamos em nossas investigações, além da forma retangular do praticável sugerido por Lecoq, também o círculo e o triângulo, o que se deu intuitivamente durante o treino com a nossa máscara neutra. Os círculos surgiram quando vivenciávamos esse exercício, assim como a figura do triângulo, propiciando muitas ações e reações dos jogadores que, talvez por estarem utilizando a máscara neutra, permitiam que a triangulação com a plateia também surgisse, estabelecendo os conflitos e as tensões dramáticas. Esse treinamento transformou-se numa constante em nosso trabalho; realizávamos esses procedimentos antes dos ensaios com as cenas e das apresentações no Cepeca.

Desse modo, a máscara neutra nos possibilita receber o mundo e deixar-se afetar por ele sem um registro prévio, fabricado, ilustrativo, mas sim espontâneo, essencial, com o corpo todo orgânico envolvido no movimento, na respiração, no olhar. A máscara não conhece nada, não sabe o que é medo, dor, amor; não tem sentimento nem psicologismo, ela simplesmente é, está na situação e age de acordo com ela.

...

17 Confira também esse exercício em F.M. Hunzicker, *Do Chapéu ao Casamento*, p. 43-44.
18 Op. cit., p. 201.

A "EXPERIÊNCIA" COM A MÁSCARA NEUTRA 45

O que mudou no seu fazer teatral com a máscara neutra?
A descoberta: aceitar tudo como se fosse novo ajuda a fazer tudo com mais veracidade. Ajudou na concentração em cena e a perceber mais o outro. Entendi o que é estar no palco.

(Depoimento de Lindsey)

Após o processo coletivo, vem o processo solitário. Agora posso doar todo tempo que acredito ser necessário para transformar o molde de gesso em uma máscara de papel. Talvez, nessa etapa, eu tenha procurado trazer para o rosto de papel a minha visão: a visão do meu próprio eu. Mais uma vez podemos observar a lacuna existente entre a forma como o outro me vê e a forma como eu mesmo me vejo. Agora tenho essa constatação e posso verificá-la de uma maneira palpável; basta que eu compare o rosto de gesso feito pelo outro e o rosto de papel feito por mim. Tenho em minha frente o mesmo rosto, mas quando tomado por ópticas diferentes, posso afirmar que ele se transformou, tornando-se assim um rosto constantemente mutável, tanto para quem vê quanto para aquele que é visto.

(Depoimento de Gustavo)

Depois de experimentar as máscaras neutras, é possível abordar todo o tipo de máscara chamada expressiva. "As máscaras expressivas apresentam a personagem."[19] Atuar com esse tipo de máscara é alcançar uma dimensão essencial do jogo teatral, comprometer o corpo inteiro, sentir uma intensidade de emoção e de expressão que servirá, uma vez mais, de referência para o ator.

Uma boa máscara expressiva mostrará o ser triste, alegre, jovial, sem nunca estar definitivamente congelada numa única expressão de um determinado instante, pois há a possibilidade de existir a *contramáscara*. Num primeiro momento, a máscara expressiva transparece exatamente o que ela representa e, noutro,

19 A.M. Amaral, *O Ator e Seus Duplos*, p. 56.

46

se transforma, com o corpo, na oposição ao que apresenta no rosto, fornecendo maior riqueza para a interpretação.

uma máscara que ofereça evidentemente a expressão de um "imbecil" será, primeiro, interpretada como tal. A personagem será de preferência idiota, tímida, atrapalhada. Em seguida, consideramos a personagem como um sábio, genial, seguro de si, surpreendentemente inteligente. O ator interpreta, então, o que chamamos de contramáscara, fazendo aparecer uma segunda personagem por trás da mesma máscara, trazendo uma profundidade bem mais interessante[20].

Passamos a explorar, então, as máscaras expressivas.

---

20 J. Lecoq, op. cit., p. 98.

3.

As Máscaras Expressivas e Suas Relações

O Jogo Entre Elas e Por Elas

Abrindo Possibilidades

A máscara expressiva constitui um exercício dialético para o trabalho de composição do ator, dado que todo ele se dá no campo da relatividade. Os exercícios com máscara e contramáscara, quando pensadas em transição, podem explorar os dois lados de uma situação ou até mesmo as múltiplas possibilidades. A contramáscara é uma possibilidade de o ator explorar a personagem dialeticamente, já que experimenta, simultaneamente, a situação máscara e a situação contramáscara, verificando as nuances daí decorrentes.[1]

Para atingir o objetivo de aproximar e familiarizar os aprendizes com a linguagem de algumas máscaras expressivas, iniciamos os trabalhos utilizando máscaras de macacos, cachorros, gatos, ratos, ovelhas; de feições humanas com expressão de mau, que representavam rostos de velhos, de bobos da corte, de magos, de bruxas, de políticos; *meias-máscaras*[2], como de "Don Juan" e de carnaval, com lantejoulas coloridas, para exploração e improvisações.

Começamos o jogo seguindo os seguintes passos: fazíamos um círculo com as máscaras; cada integrante do grupo ia para o centro

---

1 F.S. da Costa, *A Outra Face*, p. 121.
2 "A meia-máscara é uma máscara falante, em que a palavra adquire grande importância na cena, atendendo às exigências do público e às necessidades dos próprios atores". A.M. Amaral, *O Ator e Seus Duplos*, p. 63.

50

do círculo e escolhia uma; o primeiro contato é visual, depois
tátil – percebê-la pelo toque, cheirá-la e, por fim, vesti-la e deixar-se
aberto aos acontecimentos, permitindo que o corpo e a face sejam
transformados pela vestimenta; "Depois que os atores escolhem
as máscaras, precisam de um tempo para se acostumar a elas para
passar para o estágio do ator em máscara."[3]
A primeira percepção é pessoal: olhar para si mesmo. Num
segundo momento, há o olhar do outro – como o outro me vê e
reage a mim, e como eu me relaciono com isso e passo a mudar
meu comportamento. "A máscara traz em si a possibilidade ou a
capacidade de afetar aquele a quem ela (in)forma e, no processo
de utilização, o ator abre-se para receber as informações que ela
lhe sugere e vice-versa."[4] De acordo com o olhar do outro a improvisação enquanto jogo se estabelece.

Às vezes, os atores olhavam-se no espelho após vestirem a máscara, outras vezes não se olhavam e se deixavam afetar apenas pelas
reações dos outros e pelas percepções sensoriais, sem a visão de
si vestido e refletido. "Olhar-se no espelho com uma máscara é
estranhar-se, é encarar o reflexo de uma figura que é e ao mesmo
tempo não é o ator."[5]

Estabelece-se o que chamamos de *jogo entre as máscaras*, pois
um ator poderia estar com a meia-máscara de Don Juan e outro
com uma máscara de macaco. Um com uma falante e outro com
uma muda. "Duas máscaras em cena acarretam sempre intenções
diferentes, conflitantes, têm objetivos opostos. A ação que se estabelece entre elas expressa vontades contrárias"[6], gerando, assim, o
conflito necessário para a cena.

A exploração vocal ocorreu através dos sussurros das máscaras
inteiras e dos sons que a meia-máscara expressiva propunha. Por
exemplo: qual é o timbre de voz da macaca, do rato? E de Don

---

3 Ibidem, p. 47.
4 F.S. da Costa, op. cit., p. 85.
5 Ibidem, p. 88.
6 A.M. Amaral, op. cit., p. 55.

AS MÁSCARAS EXPRESSIVAS E SUAS RELAÇÕES 51

Juan? Perceber como o diálogo se estabelece por meio da improvisação era fundamental para esse momento da pesquisa.

no próprio processo de trabalho com a máscara, há também
a possibilidade de aprimorar o trabalho vocal. Ela colabora
para encontrar a imagem (respiração) justa para a palavra.
Atuar com a máscara é buscar a respiração eficaz para mantê-
-la viva: inspirar-expirar com todo o corpo é fundamental[7].

As situações dramáticas eram criadas pelos atores durante o
improviso. O objetivo nesse momento era investigar outras possibilidades de jogo, conflitos e transformações possíveis para o
universo criativo do ator. Num determinado momento, interrompia
a improvisação e pedia aos atores que retirassem as máscaras e
reiniciassem a improvisação sem elas, tentando não perder o que
havia sido conquistado.

Algumas perguntas eram lançadas durante o improviso: "Quem
é você neste momento? O que você quer neste momento? Que
estado é este? Quem é o outro na sua perspectiva?" Ao transvestir-
-se com a máscara, o ator se depara com uma dualidade latente:
o estado que ela propõe e a energia que o próprio ator deverá
empenhar para colocá-la em movimento e dar-lhe vida. Manter
esse estado "requer o exercício do corpo-mente, promovendo um
domínio técnico que se converta numa segunda-natureza para o
ator"[8].

Num segundo momento, depois de transformados, olhavam-se
nos espelhos e percebiam as mudanças ocorridas em si mesmos.
Para uns a improvisação era melhor quando não se olhavam; para
outros, era melhor quando se olhavam. Às vezes os espelhos eram
deixados à disposição deles, para usarem quando quisessem.

7 F.S. da Costa, op. cit., p. 133.
8 Idem, A Máscara e a Formação do Ator, *Móin-Móin*, p. 43.

> Pegar a máscara, sentir sua textura e seu cheiro me aproximou ainda mais daquele elemento animalesco. Após ter colocado a máscara, *o estado de percepção não afetou muito*, até o momento em que olhei no espelho: meu rosto parecia ter exatamente a forma do cachorro, meu olho era dele, o cabelo virou seu pelo e meu corpo trazia a forma idêntica de um cão vira-lata, velho, cansado da vida. Tirar a máscara não me afetou, meu corpo – estado – já tinha aquela imagem estampada em sua forma e essência. A identificação com a máscara foi muito grande, talvez por isso a máscara não era apenas o pedaço de silicone em contato com o rosto, e sim todo o corpo estruturado em uma forma que me remetia a aquele estado.
>
> (Depoimento de Gustavo)

Dando sequência à investigação, propus a exploração de outras possibilidades que não fossem apenas as oferecidas pelas máscaras faciais. Coloquei em jogo outros elementos: tecido vermelho, faixa preta com dois furos nos olhos, lenços coloridos, véus de seda, vestidos de renda, bonecas, colete de couro, faca com bainha, boné, turbante, capuz, óculos escuros, saias com guizos barulhentos, vendas, coroas de princesa, de rei e rainha.

O procedimento inicial foi o mesmo das outras vezes: escolher o que vestir, podendo fazer combinações como, por exemplo, o vestido rendado com a boneca. E esse vestir gerou a composição de algumas personagens: criança, com vestido de renda e boneca; andarilho, vestindo tecido vermelho e capuz; bobo da corte, trajando uma saia de guizos e faixa preta no olho; homem sertanejo da mata, de colete e facão. Isso foi uma exploração de objetos usados com a função de uma máscara, considerando sempre as potencialidades de cada máscara e a possibilidade de gerarem uma boa interpretação, pois nem todos os elementos podem ser utilizados como tal[9].

Procedimento: cada um escolhe um elemento, depois outro.

Elementos escolhidos por mim: faixa preta com dois furos irregulares e saia com guizos.

9 J. Lecoq, *O Corpo Poético*, p. 98.

AS MÁSCARAS EXPRESSIVAS E SUAS RELAÇÕES

Percepções: apenas o uso da faixa preta (primeiro elemento escolhido) me levou a um tipo de carcereiro, executor que cortava cabeças no tempo da guilhotina, ou castigava pessoas em praça pública, como na Idade Média. Um ser submisso e com pouca inteligência. A saia me levou a um ser franzino, de má postura, como um bobo da corte. As duas personagens foram marginalizadas no contexto social. A união de ambas trouxe uma figura que apresenta deformidade física no rosto, na coluna e na fala, quase como um Quasímodo. Aos poucos, o peso da máscara toma liberdade através da leveza da saia. O rosto deformado, apesar de presente, não impede o relacionamento com os outros. Figura masculina, de andar mole, requebra para frente, pelve caída, ombros caídos, munheca quebrada, pé esquerdo virado para fora, barriga caída. Pescoço para frente, (boca) queixo para frente, lábio inferior sobre o superior, mole.

(Depoimento de Denise)

Vários objetos formando um círculo. Olhávamos para cada objeto e tínhamos que escolher (inicialmente) apenas um. Entre boneca, colete, "bandana" e outros, me chamou atenção um tecido vermelho; coloquei-o sobre meu corpo, cobrindo-o por inteiro, mas com o seu peso era impossível ficar seguro sem que ele caísse ou ficasse escorregando como água.

O segundo comando era para que pegássemos outro objeto. Vi uma espécie de chapéu de beduíno marrom que me ajudaria a segurar o tecido, prendendo-o na minha cabeça; foi o que fiz e deu certo. Estava então com o corpo coberto por um tecido vermelho e com um chapéu marrom de beduíno. Inicialmente aquilo estava me incomodando, pois não ficava do jeito que eu queria, mas logo meu corpo foi se moldando àquele traje.

O tecido em um primeiro momento me trouxe um ar leve de movimento, algo que fazia com que meu corpo se movimentasse sem mover a base. Em determinado momento, o tecido começou a criar certa resistência aos movimentos e isso se tornou uma forma de tonificação dos músculos; os movimentos agora eram retos e sequenciais. Com o corpo todo coberto, o ambiente pareceu se reduzir na área interna daquele cobertor.

Enrolei o tecido no pé e a outra ponta passei sobre o ombro e segurei com as duas mãos. Essa ação me remeteu a um andarilho que tinha que carregar todo aquele peso, o peso do seu corpo, da sua vida inteira, do seu passado.

(Depoimento de Gustavo)

54

O que chamamos de "jogo das máscaras" continuou por alguns encontros e as improvisações aconteciam livremente. O comando de tirar as máscaras, de manter o *corpo-máscara* em um *estado psicofísico modificado pelo uso delas* e continuar o jogo de improviso, prevalecia.

> Estar em estado relaciona-se à alteração de consciência psicofísica do ator e traz no seu bojo a energia necessária para a constituição de um corpo cênico. Para alguns professores, o percurso estabelecido da máscara neutra à expressiva tem como intuito trabalhar o ator em um estado diferenciado do cotidiano, pois, uma vez velado o rosto – em geral o objeto primeiro da comunicação – é o corpo que provê fluidez ao objeto. Se a máscara é que gera a organização corporal, ou se a partir desta resulta a máscara, é uma questão de escolha, pois ambos são igualmente válidos[10].

Aprofundando as investigações sobre o objeto de estudo, percebemos que "a maquiagem não deixa de ser uma máscara"[11], então também utilizamos esse recurso como possibilidade de máscara.

> Todas as culturas teatrais procuram dramatizar os aspectos faciais acentuando-os, deformando-os ou alargando-os. Os atores do Kathakali praticam um exercício especial, justamente para reforçar os músculos do globo ocular e aumentar a mobilidade das pupilas.[...] A maquiagem da Ópera de Pequim transforma o rosto dos atores numa genuína máscara e informa o espectador acerca do papel e sua característica dominante: coragem, esperteza, sabedoria, estupidez, maldade... As combinações de cores que acentuam os traços faciais produzem efeitos impressionantes. [...] Os mímicos

•••
10 F.S. da Costa, *A Outra Face*, p. 90.
11 A.M. Amaral, op. cit., p. 64.

AS MÁSCARAS EXPRESSIVAS E SUAS RELAÇÕES

usam uma técnica especial para puxar os músculos faciais e levar a expressividade além dos limites do comportamento cotidiano e convencional. Exercícios desse tipo, o uso de maquiagem, penteados especiais e cores artificiais tornam possível ao ator modificar completamente a expressão e usá-la de uma maneira extracotidiana, fria e calculada[12].

Inspirados por essas ideias, colocamos no espaço de jogo várias maquiagens: batom vermelho, sombras coloridas, base cor da pele etc. Tivemos como resultado, por exemplo, com a utilização de apenas um traço vermelho no rosto, a transformação de um dos atores em um "índio poderoso", e, com o pó compacto, uma das atrizes procurou tirar todas as suas feições, ficando o mais "neutra" possível, e se tornou a "mulher branca".

Peguei a tinta para estudar as marcas dos dedos no rosto. Batom vermelho, coloquei no dedo médio e indicador. Comecei a passar o dedo médio no osso nasal e, com o dedo indicador, fazia o reforço da marca vermelha em meu rosto. Não iria me olhar no espelho, mas a Renata pediu que nos olhássemos. Ao olhar naquele espelho, o vermelho se tornara urucum; havia me tornado um índio.

Meu corpo na hora se enriqueceu, pois me veio o sofrimento que o homem branco fez o povo indígena passar. Quando larguei o espelho, aquela imagem se intensificou mais ainda no meu corpo, todos os meus músculos estavam tonificados/petrificados.

Quando a Nayara veio em minha direção, vi estampado em seu rosto a personificação do homem branco. O medo e a imobilidade tomaram o meu corpo e pensamento.

As relações que se estabeleceram após o primeiro contato com a Nayara foram de extrema tensão e medo. Tinha a percepção de que todos ali poderiam me machucar a qualquer momento. Tudo o que fazia era na ostensiva tentativa de me isolar, evitar o contato com o outro.

(Depoimento de Gustavo)

∎∎∎
12 E. Barba; N. Savarese, *A Arte Secreta do Ator*, p. 116.

Por último, fizemos a junção entre as máscaras de rosto e os objetos máscaras. Os objetos surgiam como uma "contramáscara". O maior exemplo disso foi a utilização da máscara do "homem mau" com o "vestidinho de renda". O vestido agiu como um lado feminino, delicado e humano desse homem mau, que, na verdade, é visto externamente de um jeito, mas pode não ser o que o outro vê, trazendo outra humanidade.

Percebemos que essas investigações traçavam paralelos ao que Stanislávski chamou de "mascarada". Ele narra com detalhes como a caracterização por meio da utilização de um velho fraque estragado, uma cartola, uma maquiagem borrada e uma pena de pato na boca propulsionaram a transformação do ator na personagem do "crítico":

> Sozinho no camarim sentei-me, prostrado de todo, fitando desamparadamente no espelho meu rosto teatral desprovido de feições próprias. [...] Resolvi não me apresentar ao Diretor e tirar o traje, remover a maquilagem com o auxílio de um creme esverdeado de horroroso aspecto [...] começara a esfregá-lo na cara. E [...] continuei esfregando. Todas as outras cores se esfumaram,[...] Meu rosto ficou amarelo-cinza-esverdeado como uma espécie de réplica ao meu traje. Era difícil distinguir onde estava o meu nariz, ou os olhos, ou os lábios. [...] Estiquei o casaco e dei um puxão na gravata. [...]
>
> Com a cartola colocada num ângulo um tanto provocante, apercebi-me, de repente, do estilo das minhas calças de talhe inteiro, outrora elegantes e hoje tão usadas e gastas. Fiz com que minhas pernas se adaptassem ao friso que se formara nelas, virando a ponta dos pés bem para dentro. Isso tornou-me as pernas ridículas.[...] Graças a essa posição pouco habitual das minhas pernas, fiquei parecendo mais baixo e o meu andar mudou inteiramente. Por algum motivo, meu corpo todo se inclinou um pouco para o lado direito. Só me faltava a bengala. Havia uma ali perto e eu a apanhei, [...] Agora só precisava de uma pena de pato para pôr atrás da orelha ou segurar nos

AS MÁSCARAS EXPRESSIVAS E SUAS RELAÇÕES

dentes. Mandei um servente buscá-la e enquanto esperava-o de volta pus-me a andar de um lado para outro na sala, sentindo todas as partes do meu corpo, feições, linhas faciais, assumirem suas devidas posições e se estabelecerem. Depois de percorrer a sala duas ou três vezes com passo incerto, desigual, olhei no espelho e não me reconheci. Desde a última vez que me olhara, uma nova transformação ocorrera. Ouvi passos no corredor. Certamente era o servente trazendo a pena. Precipitei-me ao seu encontro e, na porta, dei de cara com Rakhmánov.

– Que susto me deu! [...] O que é que pretende representar?

– Um crítico![13]

O ator, aqui representado como Kóstia, conseguiu criar uma personalidade única, que extrapola os clichês e tipos falsos, trazendo uma vida verdadeira e partindo do próprio eu do ator, suas características mais íntimas foram afloradas com a utilização da "máscara" criada. Um ator aparentemente tímido conseguiu mostrar uma personalidade sagaz e irônica. "Assim, a caracterização é a máscara que esconde o indivíduo-ator. Protegido por ela, pode despir a alma até o último, o mais íntimo detalhe."[14]

Após essas investigações, entramos no processo de *confeccionar a própria máscara expressiva*. Trouxemos materiais como sacos plásticos pretos de lixo, algodão, gazes, fita crepe, tecidos vermelhos, tecidos brancos grandes, redes que revestem frutas na feira, lanternas e barbantes. Cada pesquisador confeccionou sua própria máscara, vestia-se enquanto criava e ia se transformando, metamorfoseando e animando os objetos, "pois ao construí-la o mascareiro já a habita"[15]. Começaram a andar, sentar, olhavam-se entre si, olhavam-se nos espelhos e improvisavam. Aos poucos surgiam anjos, deuses, bobos, fugitivos, rainhas e até a figura da morte.

•••

13 C. Stanislávski, *A Construção da Personagem*, p. 60.
14 Ibidem.
15 A.M. Amaral, op. cit., p. 47.

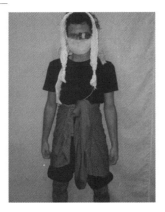

Máscara expressiva criada por nós com materiais diversos, usada pelo corpo todo. Minha máscara envolvia um tecido vermelho que eu usava preso no abdômen, um saco de lixo cheio de fita crepe no pé direito, uma espuma cobrindo minha boca, uma atadura que prendia do queixo à cabeça com dois pedaços grandes soltos para baixo e uma lente dos óculos coberta com saco de lixo e fita crepe. Essa máscara não me trouxe um estado instantaneamente, eu fui descobrindo e sentindo enquanto andava, enquanto sentia a atmosfera, pensava em quem seria essa *persona* e que influência os outros tinham em mim. Senti um corpo deformado se apossar de mim, um corpo de animal, uma vontade de zombar dos outros, de rir da desgraça alheia; para mim, estávamos em uma espécie de limbo aonde almas atormentadas iam para vagar eternamente agonizando sua dor, e eu estava lá para lembrá-los de que essa dor será eterna, eu era um arauto do inferno, uma peste, um capitão-do-mato que perseguia todos. Essa era minha diversão: atormentá-los. Eu acabei criando um som com a boca, um chiado, que me lembrou um "ciborgue", meio orgânico, meio robô. Todos eram estranhos, feios, derrotados, deprimidos.

(Depoimento de Brunno)

Olhei para todos os materiais e comecei a pegar algumas coisas aleatoriamente. Primeiro peguei uma lanterna fina de luz branca, depois um saco de lixo preto pequeno e por último um pedaço de uma espécie de fibra de algodão. Comecei a me deixar afetar por aquele material e a máscara foi tomando forma. Colei a lanterna no meu rosto – na altura da boca – com fita crepe, fiz um buraco no saco e substitui o rasgo no plástico por um pedaço de fibra de algodão. Coloquei o saco na cabeça e ela ficou inteiramente coberta. Na altura da boca, ajeitei a fibra de algodão, que era iluminada pela lanterna, e fiz dois buracos nos olhos que me permitiram ver melhor, pois o saco não era tão transparente como eu pensava que fosse.

Quando todos terminaram, começamos a andar:

1. **Qual o estado que esta máscara me provocou?**

Espaço pequeno – Comprimido – Gélido – Medo

A visão que a máscara me possibilitava era muito limitada. Existia a necessidade de mover o corpo todo para conseguir o mínimo de visão e, com isso, tudo parecia extremamente insalubre.

O corpo respondeu a esse estado com uma movimentação de ruídos mínimos para que não chamasse a atenção dos outros e ao mesmo tempo rápida para escapar de qualquer situação de perigo.

2. Que personagem era essa?

Um homem que sobreviveu à guerra, mas que trouxe consigo um quadro de pânico e medo.

3. Quais foram as situações dramáticas?

3A. Tinham acontecimentos?

Os principais acontecimentos foram: as fugas quando existia alguma perseguição aparente; o ato de sempre se esconder atrás de outras pessoas que traziam sensação de proteção; pequenos conflitos visuais que acarretavam reconhecimentos, em que existia empatia e antipatia com as outras pessoas.

3B.Tinham objetivos?

Tentar sobreviver sem que os outros percebessem a minha presença.

3C. Quem eram eles?

A Peste (Bruno), Bobo da Corte (Dri), Rainha Demoníaca (Lindsey), Um anjo muito poderoso (Dê), Um espírito na terra (Na), Guardiã (Alice).

Finalizada essa etapa da improvisação, guardamos nossas máscaras e, em duplas, sem as máscaras, jogamos em cena, tentando resgatar e manter ao máximo o estado que a máscara nos trazia. Não tive dificuldade para resgatar o estado da máscara, sendo que o corpo foi o primeiro ponto que me auxiliou a retomar o(a) estado/máscara. Foi perceptível que todos ali conseguiram resgatar esse estado sem a utilização da máscara. Acredito que demos hoje um passo muito importante na pesquisa. A cena acontece quando você se deixa afetar pela lembrança da máscara, e essa lembrança deve ser resgatada de alguma forma, seja pela voz, movimento, ação ou desenho do corpo.

(Depoimento de Gustavo)

Ao terminar o ensaio, guardamos as máscaras em saquinhos, cada qual com o nome do respectivo pesquisador que a havia criado. Colocamos as máscaras nas malas em que guardávamos o restante do material de pesquisa e as utilizávamos sempre que queríamos atingir novamente aqueles estados e jogar com aquelas personagens criadas.

AS MÁSCARAS EXPRESSIVAS E SUAS RELAÇÕES

Na manufatura da máscara, experimenta-se um processo de (trans)formação que se dá em várias camadas: na feitura do objeto, na sua utilização, no corpo-mente do ator, entre outras. Cria-se com o trabalho uma ligação especial, que pode ser partilhada de várias maneiras. O aluno-ator não precisa trabalhar somente com a sua máscara, podem-se estabelecer trocas, em que um experimenta a máscara do companheiro. Se há máscaras femininas e masculinas, as trocas possibilitam experiências com alteridades que se refletem de forma significativa no processo ensino-aprendizagem. O aluno constrói algo que provoca ressonância em si mesmo.[16]

Procuramos, então, saber se aquelas máscaras construídas por eles provocavam daquela maneira somente seu criador ou se seria diferente caso outra pessoa as utilizasse. Para isso, experimentamos a troca das máscaras entre os atores, o que gerou resultados diferentes:

Hoje trocamos. Vestimos a do outro, no meu caso, a do Henrique. A Denise vestiu a minha. Com a do Henrique me senti feliz. O barulho dos sacos me remeteu a uma música. Fiquei cantando interiormente. Tanto que gerou estalo de dedos e uma ginga de "malandro".

Como foi o desapego da *sua* máscara?

Meu desapego foi total. Quando soube que íamos trocar, dei graças a Deus! Não gostei da minha máscara. Troquei de "boa".

(Depoimento de Adriana)

Primeiro foi o exercício do desprendimento, pois trocamos as máscaras que criamos, e interessante como foi demorado para eu parar de olhar para a Adriana, que estava com a máscara das ataduras envolvendo o rosto (que eu tinha criado na última semana). Não me concentrei no início na máscara que eu estava usando; ficava julgando como "errado"

---

16 F.S. da Costa, *A Outra Face*, p.109.

a proposta diferente que a Adriana trouxe. Eu estava usando a criação da Denise, como se fosse um Deus, soberano, tranquilo, consciente, atento e seguro. Senti-me, em alguns momentos, como um orientador espiritual, e aí alternava como o Deus. Foi uma sensação muito boa de paz, de identidade com aquela máscara, e isso ajudou a entrar no estado. Claro, isso ocorreu depois da "encanação" com a Adriana, e estar presente.

Foi muito interessante ver todos em cena fazendo o mesmo exercício, cada um com sua máscara escolhida, e ver as possibilidades que temos de trabalho, como o artefato te faz atingir um determinado estado, às vezes verdadeiro e não copiado, criado ali mesmo, com naturalidade, expressando o que estava sentindo e deixando vir.

(Depoimento de Henrique)

Percebemos que o momento presente de cada um de nós antes de usar a máscara pode alterar a relação com ela e que é preciso estar aberto e preparado para recebê-la. Portanto temos de "despejar os inquilinos do apartamento", como Étienne Decroux colocava[17]. Os inquilinos que nos habitam, pensando no apartamento como nosso próprio corpo, os pensamentos, vozes, preocupações, deveriam ir embora para dar espaço ao trabalho com a máscara. Assim, verificamos que o caminho proposto por Lecoq de iniciar com a máscara neutra, seguindo para a expressiva e chegando ao nariz de clown nos levava a esse encontro.

---

[17] Étienne Decroux apud T. Leabhart, Mimo e Pantomima, *Urdimento*, p. 88.

4.

O "Nariz Vermelho"

O objetivo principal do treinamento com a máscara não é o de aquisição de mais uma habilidade. Talvez seja exatamente o oposto: a possibilidade do vazio, do deixar-se preencher pelo "aqui e agora", do "ser" simplesmente, sem artifícios. Ser o que sou plenamente, para poder reconhecer-me no outro e, nesse reconhecimento, poder "ser" o outro.[1]

Nesse sentido buscamos experimentar e explorar o nariz vermelho, com o objetivo de possibilitar uma escuta maior de si mesmo e do outro, procurando ampliar a imaginação e a prontidão para o jogo.

O clown é a exposição do ridículo e das fraquezas de cada um. Logo, ele é um tipo pessoal e único. Uma pessoa pode ter tendências para o *clown branco* ou *clown augusto* dependendo da sua personalidade. O clown não representa, *ele é*. [...] Não se trata de uma *personagem*, ou seja, uma entidade externa a nós, mas da amplificação e dilatação dos aspectos ingênuos, puros e humanos [...] do nosso próprio ser.[2]

■■■
1   E.V.D. Martins, *O Chá de Alice*, p. 12.
2   L.O. Burnier, *A Arte de Ator*, p. 209.

66

Há, portanto, uma atitude primitiva, uma lógica infantil sem julgamentos, sem moral. O clown é amoral, não tem uma relação maniqueísta que leva em conta o bem ou o mal, ele age e reage seguindo seus instintos mais primitivos, mantendo um "raciocínio virgem", sem racionalismo. Ele nasce do erro, do acaso, da espontaneidade e da ação. "A máscara do clown, o nariz, é a menor do mundo, a que menos esconde e mais revela."[3] O clown não é uma personagem concreta, pronta, dentro de um universo ficcional, mas sim uma manifestação do próprio ator: "essa manifestação teatral ficcional (a personagem) é criada exclusivamente a partir do material pessoal do ator e não ao contrário"[4].

As características fundamentais do clown são: "*ingenuidade, autenticidade* e *generosidade*"[5], além da capacidade de provocar o riso e, por isso, fazer com que nos identifiquemos com ele.

Partindo das lucubrações – dos exercícios básicos do treinamento clownesco propostos por Bete Dorgam[6] – e dos treinamentos do grupo Lume[7], explanados na tese de Luís Otávio Burnier, exploramos os seguintes procedimentos:

1. Primeiro vestir a máscara, o nariz vermelho, e verificar as primeiras percepções do espaço, do outro e de si;

2. Fazer caminhadas, percebendo o andar e gestos, "fisicalização" de alegria, tristeza, de vontade de fazer xixi, de fazer cocô, disputa por objetos, "figurativação" de letras de músicas, disputas de melhor dança, mostrar as próprias virtudes e defeitos.

3 Ibidem, p. 218.
4 E.V.D. Martins, op. cit., p. 14.
5 Ibidem, p. 84.
6 Conforme citado na introdução, fiz dois anos de oficinas de clown com Bete Dorgam, no Espaço das Artes, em 2004, e no Galpão do Folias, em 2005.
7 Fundado em 1985, por Luís Otávio Burnier, Carlos Simioni e Denise Garcia, o Lume é considerado um dos mais importantes centros de pesquisa teatral do Brasil. Como núcleo artístico e pedagógico vinculado à Universidade Estadual de Campinas (Unicamp), trabalha na elaboração de novas possibilidades expressivas, corpóreas e vocais de atuação, redimensionando o teatro enquanto ofício e poética.

O "NARIZ VERMELHO" 67

3. Improvisações: o pensamento e raciocínio *clownesco* foram apresentados e vivenciados pelo grupo em improvisações temáticas – estar numa praia deserta, numa floresta com enormes gorilas, numa nave espacial rumo à lua, são alguns exemplos. Enquanto observadora, eu ia narrando as histórias e às vezes dividia o grupo em dois para formar uma plateia e assim possibilitar o jogo entre o clown e o espectador, dando a oportunidade aos atores de exercitar um procedimento próprio do clown, que é a "triangulação"[8].

4. Desenhos: utilizamos novamente os recursos dos desenhos já descritos aqui, no primeiro capítulo, na parte em que discuto os primeiros procedimentos de nossas atividade. Pedi aos alunos que desenhassem a si mesmos com o nariz, a maneira como se percebiam através da máscara. Também sugeri que desenhassem o outro, procurando expressar o modo como viam esse outro. Depois pedi que trocassem os desenhos, para que pudessem se reconhecer através do olhar do outro vestido com a máscara.

Meu primeiro contato oficial com o nariz. Muito engraçado, dá vontade de rir e ficar balançando pra lá e pra cá.

(Depoimento de Denise)

Com o clown, a inocência, a criança presente em cada um, foi despertada e houve a descoberta de outras possibilidades de criação.

···

8 Cf. *Improvisação Para o Teatro*, p. 204. O termo fisicalização vem de Viola Spolin e sugere que o aluno/ator deve mostrar algo com o corpo e não contar algo com a fala; no universo clownesco isso se dá de forma muito potente, pois o clown utiliza muito objetos imaginários, mímicas corporais, e menos quantidades de fala, também tentam expressar concretamente com o corpo sentimentos abstratos, por exemplo: a paz e o amor. O termo figurativação foi utilizado por Bete Dorgam no seu curso de clown do qual fiz parte em 2004, esse termo significa no universo clownesco ilustrar com imagens corporais a letra de uma música. A triangulação, por sua vez, é o momento em que o clown olha e se comunica com o público, quebrando a fronteira ilusória existente entre o palco e a plateia; geralmente no momento dessa triangulação acontece o riso.

É comum rirmos de um *clown*, mesmo que ele não faça nada, mesmo não tendo ação. O *clown* exemplifica a existência desses "estados" no trabalho do ator. Isso pode ser explicado de duas formas. Na primeira poderíamos compreender que esses estados se caracterizam por micro ações que, embora não sendo perceptíveis ao observador, existem no corpo do ator, ocasionando um fluxo de energia que altera a presença cotidiana e resulta numa alteração da percepção que o observador tem do ator. Uma segunda explicação poderia ser entendida como o resultado da ação, nesse caso, um conjunto de ações físicas provocaria como resultado o acionamento de determinadas energias corpóreo-vocais, que configuram, então, a percepção de um estado alterado no corpo do ator.[9]

Percebemos, após essas vivências, que a relação do ator com a "personagem" que desenvolve é uma questão delicada e tênue; requer muita sutileza de atuação e percepção cênica. Na verdade, trata-se do próprio ator num estado diferenciado, ou seja, transformado pela máscara. Para se adquirir essa transformação, em primeiro lugar será necessário o estudo da situação, o estar realmente na situação, receber e deixar-se modificar por tudo aquilo que ela representa, e o jogo trará as respostas e possibilitará a criação da cena.

Assim, o trabalho persegue esse objetivo da presença por meio da ação. Depois das improvisações, estimulados por perguntas elaboradas previamente, os atores-colaboradores registravam todas as percepções e descobertas feitas durante as experimentações. Sistematizávamos, dessa forma, o procedimento pedagógico dos *registros*.

---

9 G. Icle, *O Ator Como Xamã*, p. 17.

5.

O Procedimento Pedagógico do Registro

O registro foi um procedimento assíduo realizado desde o primeiro encontro. Não se tratava apenas de registrar o vivido, a concretude, mas também as subjetividades movidas pelas perguntas lançadas pelo pesquisador, as quais cada ator, de acordo com a sua singularidade, deveria responder. No encontro seguinte, líamos os registros e refletíamos em conjunto a respeito das diferentes percepções.

Dentre as principais perguntas elaboradas e realizadas após cada proposta estão as seguintes:

- Como você se prepara e se aciona para o ensaio?
- O que é máscara para você?
- O uso da máscara gerou algo diferente em você?
- Quais personagens surgiram nas improvisações com as possibilidades de máscaras?
- O que é pesquisa?
- O que serve e o que não serve para você enquanto ator?
- O que é importante? O que é essencial?
- Qual foi a maior dificuldade?
- Quais foram as primeiras referências que surgiram para começar a improvisar? Elas foram sensoriais ou racionais?
- Ultrapassou seus limites? Encontrou algo diferente do já conhecido?
- Como percebe o seu trabalho de ator com as máscaras?

- O que o trabalho com a máscara neutra mudou no seu fazer teatral?
- Quais foram as contribuições e inquietações trazidas pelo trabalho com as máscaras?

Considerações Sobre o Registro e o Processo de Aprendizagem

Essa prática pedagógica de perguntas, respostas e reflexões abertas no coletivo sobre a pesquisa e seu objeto investigado nos colocava o tempo todo diante de especulações sobre o acontecimento teatral. Às vezes nos perdíamos, mas na maioria das vezes nos fortalecíamos e ficávamos mais envolvidos com o trabalho. As dúvidas eram frequentes e propulsoras de novas investigações.

Chegamos a algumas indagações como: O escuro como procedimento pode ter a função de uma máscara, já que esconde para revelar? A máscara pode ser vista como um "anteparo", já que o ator a utiliza e depois a retira mantendo suas "impressões digitais"? Que materiais e ideias podem servir como máscara? O que é a pesquisa para o trabalho do ator?

Não há respostas definitivas nem concretas, o que fica são os estímulos e o amadurecimento proporcionados aos aprendizes, que passaram a pensar acerca do seu próprio processo metodológico, sobre sua experimentação, percebendo "que cada um deveria descobrir a sua maneira de aprender, quer dizer, sua forma peculiar de conhecer seus mecanismos de aprendizagem de algo"[10].

Partindo das referências abordadas e investigadas, cada ator foi elaborando o seu fazer, amadurecendo física e artisticamente, conseguindo estabelecer relações entre teoria e prática, entre o vivido e o esperado, percebendo sua evolução física e emocional.

---

10 A. Achcar, O Jogo da Máscara, *Folhetim, Teatro do Pequeno Gesto*, p. 30.

O PROCEDIMENTO PEDAGÓGICO DO REGISTRO

O fazer artístico-pedagógico estava se construindo por meio da experiência, pelo que nos acontece e nos toca, porque para esse tipo de atividade não basta apenas informações; a vivência do ocorrido é necessária. A aprendizagem não é só adquirir e processar conhecimentos e informações. "Uma sociedade constituída sob o signo da informação é uma sociedade na qual a experiência é impossível."[11] Sendo assim, no processo de aprendizagem alguma coisa tem de acontecer de fato e transformar os aprendizes.

> A experiência, a possibilidade de que algo nos aconteça ou nos toque, requer um gesto de interrupção, um gesto que é quase impossível nos tempos que correm: requer parar para pensar, parar para olhar, parar para escutar, pensar mais devagar, olhar mais devagar, e escutar mais devagar; parar para sentir, sentir mais devagar, demorar-se nos detalhes, suspender a opinião, suspender o juízo, suspender a vontade, suspender o automatismo da ação, cultivar a atenção e a delicadeza, abrir os olhos e os ouvidos, falar sobre o que nos acontece, aprender a lentidão, escutar aos outros, cultivar a arte do encontro, calar muito, ter paciência e dar-se tempo e espaço.[12]

Verificamos que o processo pedagógico realizado até então por nosso grupo vai ao encontro dessas ideias, e que o trabalho com as máscaras apresentadas nos levou ao amadurecimento do nosso fazer teatral. Para cada pesquisador envolvido, as "impressões" e transformações foram únicas. E fizeram toda a diferença.

Tais experiências nos fizeram perceber que muitos caminhos ainda estavam abertos e que podíamos contribuir com a ampliação do conceito de "máscara", explorando outras possibilidades.

∙∙∙

11 J.L. Bondía, Notas Sobre a Experiência e o Saber de Experiência, *Revista Brasileira de Educação*, p. 22.
12 Ibidem, p. 24.

6.

Mas, Afinal, o Que É a Máscara?

Ao fazer essa pergunta a atores e a outros alunos, durante cursos e *workshops* por mim ministrados, chegamos à resposta de que a máscara é um objeto que se coloca para esconder o rosto e, com o rosto uma vez escondido, a vergonha e a timidez desaparecem, o que permite a qualquer pessoa que as utilize fazer muitas coisas. Logo, percebe-se que a ideia de máscara está vinculada a um objeto que se coloca no rosto. "Na medida em que põe um outro rosto sobre o seu, imediatamente deixa de ser esse eu como uma identidade, fisicamente falando: ao se olhar no espelho ele não vê o próprio rosto. Eis o paradoxo: o ator esconde-se para se mostrar."[1]

Sendo assim, usar máscara é uma grande oportunidade de se revelar. No discurso popular, a máscara é conhecida como um objeto concreto que se utiliza no rosto como disfarce. Portanto, ela traz uma possibilidade, uma segurança de se fazer o que se quer, já que se está mascarado, e isso é libertador. "Ela define o gesto do corpo e o tom da voz. Ela põe o texto acima do cotidiano, filtra o essencial e abandona o banal, ela torna visível."[2]

Pavis nos diz que:

---

1 F.S. da Costa, *A Outra Face*, p. 116.
2 J. Lecoq, *Théâtre du geste*, p. 115. (Tradução nossa.)

escondendo-se o rosto, renuncia-se voluntariamente à expressão psicológica, a qual em geral fornece a maior massa de informações, muitas vezes bastante precisas, ao espectador. O ator é obrigado a compensar esta perda de sentido e esta falta de identificação por um dispêndio corporal considerável. O corpo traduz a interioridade da personagem de maneira muito amplificada, exagerando cada gesto: a teatralidade e a espacialização do corpo saem daí, consideravelmente reforçadas[3].

Já Barba e Savarese defendem que ao retirar a máscara do rosto surge uma expressão "extracotidiana".

Mas seria um erro pensar que, se um ator usa uma máscara, seu rosto é esquecido. De acordo com o hábito balinês, o rosto abaixo da máscara deve representar. Mais ainda, se se deseja que a máscara viva, o rosto deve assumir a mesma expressão que a máscara: o rosto deve rir ou chorar com a máscara. [...] Representar com uma máscara, usando-a para expressar reações e sentimentos e sendo capaz de orientar-se no espaço, apesar de restringir o campo de visão, exige ações que forçam o resto do corpo a trabalhar de um modo particular. Qualquer um que tenha trabalhado com uma máscara sabe que o uso do corpo é totalmente diferente quando se está usando uma, mesmo se as ações executadas sejam as mesmas.[4]

Segundo Dario Fo, "um dos mais antigos testemunhos do uso da máscara data do período terciário, gravado nas paredes da gruta *Des deux frères*, localizada nos Pirineus, na vertente francesa"[5]. Trata-se de uma cena de caça na qual o caçador está disfarçado e travestido para atrair e domar sua presa.

---

3 *Dicionário de Teatro*, p. 234.
4 *A Arte Secreta do Ator*, p. 118.
5 *Manual Mínimo do Ator*, p. 31.

MAS, AFINAL, O QUE É A MÁSCARA?

São duas as razões ou propósito para esse transvestimento. Em primeiro lugar, como explicam os antropólogos, a máscara servia para bloquear os tabus. Os povos antigos – basta lembrar dos gregos do passado – acreditavam que todo animal contava com uma divindade particular capaz de oferecer proteção. Pelo transvestimento, evitava-se a vingança do deus das cabras, disposto a infligir desgraças terríveis ao caçador. [...] A segunda razão, de ordem mais prática, era a de que o transvestimento permitia ao caçador aproximar-se da cabra sem ser notado. [...] O rito de transvestir-se com peles e máscaras de animais está ligado à cultura da maioria dos povos.[6]

Acreditamos, pois, que uma máscara não precisa ser apenas aquela colocada sobre o rosto. Barba e Savarese nos mostram como os figurinos podem transformar o ator numa "cenografia em miniatura" e que esses figurinos, com suas cores, formas, tamanhos, pesos, enchimentos, mangas longas ou curtas, estreitos ou largos, podem levar a um corpo "extracotidiano":

> O quimono, traje cotidiano e tradicional dos japoneses, tornou-se um figurino teatral extracotidiano: representar usando um quimono resulta em mudanças na posição das pernas, que estabelecem tensões e oposições de equilíbrio precário; além disso, o quimono tem um efeito de volume que modifica consideravelmente a percepção do espectador.[7]

A partir de tais observações, pensamos que tudo aquilo que o ator puder vestir e colocar no corpo para se "transvestir" pode ser considerado uma máscara útil para o seu desenvolvimento artístico, seja num momento de pré-expressividade ou de expressividade, permitindo, assim, o surgimento de uma representação extracotidiana:

6 Ibidem, p. 32.
7 Op. cit., p. 225.

"o nível pré-expressivo poderia ser definido, em geral, como o nível onde as condições para o sentido são construídas"[8].

Nesse contexto, podemos supor que o pré-expressivo no método das ações físicas de Stanislávski é "um reconhecimento da ação da peça em que o ator estabelece a fábula e os fatos motores; o estudo das circunstâncias da peça (circunstâncias dadas e imaginadas); e a experimentação nos acontecimentos da peça"[9].

Já para Copeau, o trabalho pré-expressivo não vem do texto e sim do "estado de neutralidade" propiciado pelo treino com a máscara neutra,"no qual os aspectos cotidianos, inclusive o pensamento, deveriam dar lugar a uma vida criadora. A neutralidade seria condição para a criação"[10]. Tanto Stanislávski, pelo caminho da consciência, como Copeau, minimizando a razão, "buscam o mesmo: a organicidade das ações do ator. Tanto um quanto o outro trabalham com métodos precisos nos quais o ator deve ter plena *consciência do* que realiza"[11].

Em relação ao professor Armando Sérgio da Silva, o trabalho com os chamados "anteparos" pode ser visto como o momento pré-expressivo, já que proporciona ao ator uma investigação física e sensorial que se corporifica na ação. Assim, consideramos que o trabalho com as máscaras colocadas em jogo ou criadas pelos atores na sua investigação cênica pode ser esse momento pré-expressivo, por isso não pode se reduzir a uma só possibilidade e deve ser explorado num campo amplo de composições possíveis.

Portanto, o presente trabalho amplifica o que pode vir a ser máscara, subvertendo, quebrando paradigmas e, de certa forma, (des)sacralizando a própria palavra *máscara*, justificando-se, assim, o título deste livro: *Um Olhar Através de... Máscaras: Uma Possibilidade Pedagógica*.

---

8 Ibidem, p. 152.
9 G. Icle, *O Ator Como Xamã*, p. 7.
10 Ibidem, p. 9.
11 Ibidem, p. 10. (Grifo nosso.)

7.

Uma Possibilidade Pedagógica

> O novo está sendo criado agora, a partir do velho
> bom e esquecido, que está sendo mostrado em novas
> combinações.
>
> CONSTANTIN STANISLÁVSKI, *Minha Vida na Arte*

"Um olhar", pois se trata do olhar particular sobre determinado objeto, sobre si mesmo e sobre o outro, pensando na alteridade e nas relações entre os "atores-jogadores" e o público. Trata-se do olhar dos "pesquisatores"[1] envolvidos na pesquisa: a pesquisadora responsável e os atores – que focam o seu fazer artístico no contexto atual.

"Através de". Trata-se do objeto de estudo: a máscara. É por meio dela, como uma ferramenta, uma alavanca, um instrumento facilitador, que se estabelecerá o jogo cênico e as trajetórias para se encontrar a configuração do corpo, os gestos, os movimentos, a voz e os estados psicofísicos de cada personagem.

"Uma possibilidade pedagógica" é a relação direta com o trabalho do educador, do "diretor-pedagogo", aquele que fomenta a aprendizagem incitando o aluno-aprendiz nas suas possibilidades criativas, na descoberta do eu, do outro, do espaço, instigando o

---

[1] Neologismo criado por Armando Sérgio da Silva para o título do livro CEPECA: *Uma Oficina de PesquisAtores*, que considera os atores também como pesquisadores.

84

"músculo da imaginação"[2] para se chegar à "organicidade" e "verdade" – como nos revela Stanislávski –, ampliando o repertório de referências, as possibilidades criativas e sabendo o momento de deixar o caminhar fluir, de se afastar para que haja a independência criativa. "O desafio no processo pedagógico é ensinar através da ausência"[3] e, assim, possibilitar que cada aprendiz tenha *consciência* do percurso da sua criação.

2 A. Mnouchkine, apud J. Feral, *Encontros Com Ariane Mnouchkine*, p. 43.
3 A.S. da Silva, CEPECA: *Uma Oficina de PesquisAtores*, p. 34.

8.

A Máscara
Pelo Nosso Olhar

A partir dos estudos de Meierhold sobre o "corpo-mente" e de sua visão a respeito da máscara, verificamos que ele também buscou possibilidades de criação para o trabalho do ator nas máscaras, mas "não no sentido do objeto colocado sobre o rosto do ator, [...] o termo máscara se refere às relações com a mímica e com a figura do ator"[1].

O ator criador ou compositor, como nos mostra Meierhold, tem a possibilidade de escolher a máscara que melhor lhe servir como fonte inspiradora.

> Dominar várias técnicas e conquistar uma habilidade expressiva não significa dominar o ato de criar. O ator é treinado para pensar o seu trabalho da forma mais orgânica, e para isso necessita pensar a sua arte não como compartimentos de técnicas adquiridas. Ele deve praticar a arte de síntese, e, principalmente, a arte de associações possíveis que possam revelar aquele momento da sua personagem. Dessa maneira ele pode jogar em cena com o seu papel, com o seu *partner*, com o público.[2]

[1] Y.C. Chaves, *A Biomecânica Como Princípio Constitutivo da Arte do Ator*, p. 53.
[2] Ibidem, p. 175.

O corpo e a mente se unificam por meio da máscara. Considerando que essas inquietações e investigações "meierholdianas" aconteceram no início do século xx e que, estudadas nos dias de hoje, ainda nos parecem tão próximas, pensamos em trazer um olhar libertador para o objeto de estudo. Trata-se de olhar o já vivido a partir de outro ponto de vista, provocando e aceitando misturas e transformações.

Verificamos que figurinos também são utilizados como máscaras nas pesquisas de Ariane Mnouchkine no Théâtre du Soleil, e que essa prática possibilita o desenvolvimento de um "estado cênico" que o ator deve sustentar enquanto estiver atuando:

> Ariane Mnouchkine, que foi aluna de Jacques Lecoq, diz-nos que a máscara é para seus atores uma disciplina de base, com a qual exercitam a musculatura da imaginação. [...] No Théatrê du Solei, mesmo que em alguns espetáculos não se tenha o objeto-máscara, pode-se perceber a aplicação dos seus princípios. [...] A máscara compreende não apenas o objeto, mas inclui o figurino e, principalmente, *a exploração de um estado que o aluno-ator deve sustentar enquanto estiver atuando*. Nesse sentido, a sua entrada em cena é fundamental, uma vez que ele já deve manifestar corporalmente *o estado-máscara proposto*. Ao longo das improvisações, as diversas dinâmicas daí resultantes têm como base essa *presença cênica*.[3]

A dificuldade está em manter essa "presença cênica" durante todo o tempo de atuação. "Se temos um objetivo definido, nitidamente delineado, depressa adquirimos um estado interior correto e firme. Se, por outro lado, o objetivo for indefinido, vago, o estado interior será, provavelmente, frágil."[4]

■■■

3 F.S. da Costa, *A Outra Face*, p.19-20. (Grifo nosso.)
4 C. Stanislávski, *A Preparação do Ator*, p. 284.

Portanto, pensamos a máscara como um meio propulsor de associações e jogo, que viabiliza a realização das ações físicas, as infinitas possibilidades cênicas, dramatúrgicas e de criação. Nesse sentido, percebemos a necessidade de focarmos as investigações realizadas até então, que tinham um caráter pré-expressivo, para o campo da expressividade cênica, partindo de um texto dramatúrgico como base inspiradora e utilizando esse pensar sobre a máscara.

> O principal resultado do trabalho de identificação são os traçados que se inscrevem no corpo de cada um, os circuitos físicos depositados no corpo, nos quais circulam paralelamente emoções dramáticas que, assim, encontram seu caminho para se expressar. Essas experiências, que vão do silêncio e da imobilidade ao movimento máximo, passando por numerosas dinâmicas intermediárias, permanecem para sempre gravadas no corpo do ator. E nele vão despertar no momento da interpretação. Quando, às vezes vários anos depois, o ator tiver um texto para interpretar, esse texto fará ressoar o corpo e ele vai encontrar aí uma matéria rica e disponível para a situação expressiva.[5]

Assim, o grupo de atores poderia experimentar nas cenas o vivido até o momento, verificando a eficácia ou não das máscaras, a possibilidade ou não de sustentar os "estados cênicos", deixando a energia viva e também buscando outras máscaras, abrindo um campo de ideias, de investigação teatral, unindo o artístico ao pedagógico.

---

5   J. Lecoq, *O Corpo Poético*, p. 81.

9.

Os Passos Trilhados Pelos Atores-Aprendizes

Procedimento Cênico

É desejável, para que o ator encontre um desafio para a sua criatividade, experimentar mais de uma máscara expressiva. Dessa forma, sua habilidade de criar personagens diferentes será extremamente valiosa quando, ao final do treinamento, o ator tira a máscara e atua sem ela. Ele terá maior flexibilidade de interpretar personagens diferentes ao longo de sua carreira.

ELISABETH P. LOPES, *A Máscara e a Formação do Ator*

Ao pensar numa dramaturgia clássica para investigarmos as máscaras no processo de criação do ator, escolhemos a peça *Hamlet*, de William Shakespeare, porque se trata de um texto no qual as relações humanas estão em xeque. Relações familiares entre pai e filho, filho e mãe, sobrinho e tio, entre casais apaixonados, entre amigos, com a morte, com o poder, todas apresentando conflitos claros, que poderiam propiciar jogos improvisacionais com as máscaras potentes. O processo de criação foi iniciado, então, com base nessas relações.

Nosso interesse era ter um estímulo textual para a criação cênica por meio da máscara e do jogo. Verificamos, a partir disso, três pilares colocados em jogo: a relação do ator com a máscara criada a partir da perspectiva da personagem investigada; a relação com outro ator e com a máscara criada por esse outro ator; a relação com o texto.

94

Isso se realizou através dos seguintes passos:

1. Leitura da peça para a contextualização cênica;
2. Improvisações investigativas para a composição da personagem por meio da "mascarada";
3. Jogo das máscaras na improvisação das cenas escolhidas do texto/criação de um novo texto;
4. Improvisação e criação de cenas com base em temas do universo da peça escolhida.

Começávamos sempre com nossos aquecimentos prévios:

1. Escuro;
2. Massagens, toques no rosto e no corpo todo, individualmente e em duplas;
3. Máscara neutra e exercício do *plateau*;
4. Mascarada e improvisações livres.

Selecionamos duas cenas para serem investigadas:

- Cena 4 do ato 3[1]: aposentos da Rainha. Cena entre a Rainha, seu filho Hamlet e aparição do Espectro do pai morto.
- Cena 1 do ato 3[2]: a personagem Ofélia entra para falar com Hamlet.

Estabelecemos um espaço cênico de arena com as "máscaras" selecionadas por todos nós. Fizemos uma seleção do que já havíamos utilizado e confeccionado em outras improvisações ao longo do processo de pesquisa, trouxemos também novos elementos que se somaram a essa mascarada. Tudo o que nos parecia uma possibilidade de investigação foi posto em jogo, por exemplo, tecido

---

1 W. Shakespeare, *Hamlet*, p. 169.
2 Ibidem, p. 135-138.

que possui elasticidade, com estampa colorida, chapéu do mesmo tecido, óculos e touca de natação e a máscara da Matinta Pereira[3], do folclore brasileiro.

Várias possibilidades de máscaras

Escolhendo as máscaras na perspectiva da personagem

Vestindo a máscara da personagem

Processo de composição

[3] "A matintaperêra é uma ave de vida misteriosa e cujo assobio nunca se sabe de onde vem. Dizem que ela é o Saci Pererê em uma de suas formas. Também assume a forma de uma velha vestida de preto, com o rosto parcialmente coberto. Prefere sair nas noites escuras, sem lua. Quando vê alguma pessoa sozinha, ela dá um assobio ou grito estridente, cujo som lembra a palavra: 'matintaperêra...'" Cf. José Coutinho de Oliveira, *Lendas Amazônicas*, Belém: Pará Livraria Clássica, 1916, p. 113

96

Os atores escolhidos para a investigação iam para o centro da arena: dois atores vivenciavam Hamlet, duas atrizes a Rainha e um ator explorava o Espectro.

Instrução: Procurar uma máscara que para você tenha uma identificação com a personagem Hamlet; encontrar outra que complete a primeira e, então, procurar uma que seja contrária às duas, possibilitando um conflito, o surgimento de uma contramáscara. Ficar no centro da arena, a Rainha e Hamlet. Iniciar a improvisação da cena; a personagem Polônio será imaginária, o Espectro pode entrar a qualquer momento e jogar.

Observações: O que funcionou e o que não funcionou? Quais ações foram criadas? Voltar para o texto e perceber a situação conflitante entre as personagens, dividir a cena em fatos ativantes, voltar para o jogo e tentar seguir esse roteiro pré-estabelecido. Se houver a necessidade de escolher outras máscaras para mudar a nuance, para agir em contradição e estabelecer uma ação dramática interessante, escolham! Experimentar livremente os elementos mais inusitados para compor a sua máscara definitiva. *Todas elas formam uma só, e as contradições e nuances surgem nas cenas.*

Lembrar-se de que uma personagem não segue uma linha de ação única: "– Toda *ação* encontra uma *reação* que, por sua vez, intensifica a primeira. Em toda peça, ao lado da ação principal, encontramos, opondo-se a ela, a sua contra-ação. Isso é bom, pois o resultado inevitável é mais ação."[4] Portanto, existem contradições, "firmem as suas ações nas bases físicas mais simples possíveis"[5]. Como já experimentamos, também é possível chegar a um corpo e a uma voz "extracotidianos", tentar não criar pensando intelectualmente o que poderia ser ou não a personagem. "Muitas vezes o

4   C. Stanislávski, A Preparação do Ator, p. 291.
5   Ibidem, p. 157.

OS PASSOS TRILHADOS PELOS ATORES-APRENDIZES/PROCEDIMENTO CÊNICO 97

inesperado é uma alavanca eficientíssima no trabalho criador. [...]
Uma forma exterior já pronta é uma tentação terrível para o ator."[6]
Procurei enfatizar essa questão, pois é inevitável que um pensamento já elaborado leve a uma escolha de máscara pré-determinada.
Provocava-os para que saíssem da área de conforto e buscassem outras vias de criação.

Nas repetições, os atores deviam descartar o que, para eles, não propiciou uma ação, um estado psicofísico ou uma possibilidade vocal, e ficar com o que realmente proporcionou criação, transformação e presença. Eles tinham de estabelecer relações entre as personagens na ação, percebendo como uma máscara reage à outra máscara, na perspectiva de Hamlet, da Rainha e do Espectro, percebendo o outro, adaptando-se.

Os atores, então, realizavam a cena inteira com a máscara.

No meio da improvisação, eles tiravam as máscaras para se perceberem no "corpo em máscara". Em seguida, faziam a cena inteira sem as máscaras.

Orientei-os a não se preocupar com o texto clássico, a não decorar, mas a falar o texto surgido de forma orgânica, dentro da situação proposta e das ações em jogo, pensando em que essa máscara falaria, em qual seria o som, qual seria o ritmo dessa voz, reagindo ao outro, criando a partir da relação estabelecida.

Posteriormente, os atores deviam registrar o "texto" que surgiu dessas improvisações. O "texto" falado e o "texto" em ação:

> A palavra "texto", antes de se referir a um texto escrito ou falado, impresso ou manuscrito, significa "tecendo junto".
> Neste sentido, não há representação que não tenha "texto".
> Aquilo que diz respeito ao texto (a tecedura) da representação pode ser definido como "dramaturgia", isto é, *drama-ergon,* o "trabalho das ações" na representação. A maneira pela qual as ações trabalham é a trama.[7]

6 Ibidem.
7 E. Barba; N. Savarese, *A Arte Secreta do Ator*, p. 68.

98

"Procurar a organicidade e a verdade". "Registrar nos seus cadernos pessoais de ensaio o vivido, as facilidades, as dificuldades e o seu processo criativo, para terem *consciência* dessa metodologia". Estas eram as *instruções* frequentemente dadas por mim. Esse procedimento se repetiu com os outros atores e o ator que fazia o Espectro procurou outras máscaras para o novo jogo. Assim, compomos duas cenas diferentes a partir do mesmo estímulo textual e processual. O mesmo procedimento foi repetido para a realização da cena 1 do ato 3.

Outro campo de investigação, além da "mascarada", foi a *elaboração de uma cena com base em um tema proposto*, seguindo as perspectivas da peça:

- Tema 1: O pai morto.

Essa cena teve como procedimento criativo uma abordagem temática. Pensando na questão da morte do rei Hamlet e de sua aparição para o príncipe Hamlet, surgiu a ideia da temática da morte, da perda do pai que origina, *para nós*, o desenrolar da trama. Sugeri aos atores a realização de uma cena que tivesse "o pai morto" como tema de estímulo, com liberdade de escolha para usar as máscaras que foram investigadas ao longo do processo. Depois de assistir às cenas apresentadas, selecionei a dos seguintes atores: Gustavo Guerra, Brunno Oliver e Henrique Reis, e sugeri que improvisassem em conjunto, construindo uma cena coletiva. Esse procedimento teve como base inspiradora a questão que Barba e Savarese colocam em relação à dramaturgia do ator construída através das ações em jogo:

> Numa representação, as ações (isto é, tudo que tem a ver com a dramaturgia) não são somente aquilo que é dito e feito, mas também os sons, as luzes e as mudanças no espaço. Num nível mais elevado de organização, as ações são os episódios

OS PASSOS TRILHADOS PELOS ATORES-APRENDIZES/PROCEDIMENTO CÊNICO

da história ou as diferentes facetas de uma situação, os espaços de tempo entre dois clímax do espetáculo, entre duas mudanças no espaço – ou mesmo a evolução da contagem musical, a mudança da luz e as variações do ritmo e intensidade que um fator desenvolve seguindo certos temas físicos precisos (maneiras de andar, de manejar bastões, de usar maquiagem ou figurino). Os objetos usados na representação também são *ações*. Eles são transformados, adquirem diferentes significados e colorações emotivas distintas. Todas as relações, todas as interações entre as personagens ou entre as personagens e as luzes, os sons e o espaço, são ações.[8]

- Tema 2: A amizade.

Cena construída a partir desse tema tendo como pano de fundo as relações de amizade entre as personagens Hamlet, Horácio, Rosencrantz e Guildenstern. Como estímulo para todos, a máscara trabalhada foi a do clown, a partir da qual os atores podiam criar livremente. Todos os atores realizaram a investigação cênica, mas apenas duas cenas foram escolhidas e juntas formaram uma só. Essa cena foi realizada pelos atores Henrique Reis e Denise Verreschi.

---

8   Ibidem, p. 68.

10.

Descrição das Cenas Criadas e as Máscaras Utilizadas Pelos Atores

Cena I:

Rainha e Hamlet no quarto da rainha; Hamlet vê o Espectro. Cena realizada pelos atores: Denise Verreschi (Rainha), Gustavo Guerra (Hamlet) e Henrique Reis (Espectro).

Processo de criação de Denise

Para criar a personagem da Rainha Gertrudes, utilizei seis elementos:

O coturno

O coturno causa peso nas pernas, torna a postura ereta e oferece uma energia autoritária, dura, rígida, militar e, com isso, um andar firme e decidido. O lado masculino da rainha.

O salto alto + o leque

O salto e o leque representam a máscara da prostituta. Inicialmente completa com espartilho, cinta-liga e meia, foi sendo minimizada até chegar à essência. O salto faz com que o andar seja "malemolente", com a pelve projetada e "aberta", coluna com ponto de equilíbrio jogado para trás, cabeça e pescoço levemente projetados para frente. O leque contribuiu para desenvolver o andar largado e, ao mesmo tempo, com a postura do braço que o segura, solto. A atitude é de um traquejo de vida e de jogo de cintura para burlar situações ao próprio favor.

Máscara de Don Juan

Gosto de chamar a máscara de Don Juan de máscara da pantera, pois quando a utilizei pela primeira vez percebi que é feita com um tecido preto de textura que lembra pelo de animal. Essa máscara traz uma energia maliciosa, astuta e sedutora, e seu efeito é principalmente sobre a musculatura facial da boca e sobre o olhar. Uso principalmente, mas não necessariamente, em combinação com a prostituta.

Máscara de Matinta Pereira

Quando olhei para a máscara, ela logo me remeteu para as irmãs da Cinderela. O nariz e os cabelos me lembravam algo da corte, a empáfia da corte, a falsidade da nobreza. Quando soube que era Matinta Pereira houve a junção disso com a referência de uma figura do folclore brasileiro ligada às forças da natureza. E tudo isso trouxe uma soberania intocável. O olhar é dificultado pela máscara e por isso ele deve ser preciso e por cima do ombro. A máscara me fez criar o corpo com andar diferenciado pelo apoio da mão esquerda sobre a pelve e a direita sobre a bacia, de modo que ambas coordenam o movimento.

O penhoar

O tecido é leve e delicado e por isso traz uma energia doce, leve e de proteção. A questão maternal. Tanto serve para proteger a rainha como para envolver o filho de modo a protegê-lo. Traz gestos leves e ao mesmo tempo seguros, ternos. O lado feminino da rainha.

Durante a criação vinculada à dramaturgia, utilizo as máscaras como uma "sopa de letrinhas". Cada máscara complementa a outra e, por isso, não necessariamente é utilizada de modo isolado. Por exemplo, utilizo em um momento a máscara da Matinta com o penhoar e isso traz outra energia. Posso usar uma máscara que traz um determinado andar com outra que oferece um complemento facial.

(Depoimento de Denise)

A atriz em processo de composição da personagem utilizando as máscaras selecionadas.

DESCRIÇÃO DAS CENAS CRIADAS E AS MÁSCARAS UTILIZADAS PELOS ATORES 105

Processo de criação de Gustavo

Na composição da máscara de Hamlet foram utilizados três elementos:

O tecido estampado com elasticidade

Desdobramento da "máscara carneiro", máscara esta utilizada anteriormente durante o processo de pesquisa. Ao utilizar a máscara do carneiro, o movimento proposto pelo meu corpo me fez aludir à cobra. Como a reação do corpo se dá em compressão e expansão do movimento, no interesse de continuar essa pesquisa de movimentação o tecido tornou--se uma possibilidade física de contenção de movimento. Ao amarrá-lo no corpo, a elasticidade mínima do tecido permite certa dilatação e expansão de movimento.

Quando o corpo tem intenção de dilatar-se e de expandir-se, mas é barrado fisicamente pelo tecido, a tonificação aumenta, permitindo uma constante relação de movimento e possibilidade de exploração articulatória do corpo todo.

O chapéu

Inicialmente o chapéu, ao ser colocado na cabeça, me trouxe um jogo de equilíbrio. Ao virá-lo de cabeça para baixo, possibilitou maior desequilíbrio e aumentou o jogo – imageticamente fazendo referência à coroa do Rei Hamlet. A Renata me fez uma provocação: "Qual peso contém esta coroa?" – trazendo minha atenção principalmente para a região da cervical e da cintura escapular. A intenção de peso acrescida no chapéu fez com que minha cervical se esmagasse, contraindo-se em direção ao tronco, os ombros se aproximam dos maxilares, o esterno afunda e a voz torna-se mais grave.

Óculos de natação

Ao vesti-los, inicialmente o corpo reage com a dificuldade de se enxergar, projetando a cervical para frente em uma ostensiva tentativa de enxergar melhor. Provocando o toque com as mãos no rosto, tentando identificar esse novo elemento, iniciei um jogo de como tentar retirar essa máscara sem utilizar as mãos, somente com a contração e expansão dos músculos da face.

Mais uma vez estimulado pela Renata, recebi a orientação de investigar qual som esse movimento de contração e dilatação dos músculos faciais traria na composição da máscara Hamlet. O resultado é de uma sonoridade modulada e mutável pelo constante movimento da "hiperarticulação", transformando-se em um som que se expande e se contrai. É possível deslocar-se do grave ao agudo, do aberto (quando articulado em "A") ao fechado (quando articulado em "U").

(Depoimento de Gustavo)

O ator em processo de composição da personagem utilizando as máscaras selecionadas.

O ator com o corpo em máscara.

Processo de criação de Henrique

Utilizei duas máscaras para compor esse primeiro Espectro:

O Velho

Essa máscara já fazia parte do meu repertório quando a utilizei em improvisações anteriores, antes mesmo de pensar em usá-la no texto *Hamlet*. Portanto, não foi o pensamento em fazer o Espectro que impulsionou o jeito de ser com essa máscara, pois ele já existia. Quando houve a proposta de fazer o Espectro, eu busquei a máscara do velho com o estado, o corpo e a voz já prontos.

A dificuldade de enxergar devido ao pequeno buraco dos olhos, principalmente na visão periférica, instiga uma precisão da cabeça para olhar algo ou alguém. Acompanhando a cabeça vem o corpo e a composição aconteceu naturalmente na experimentação da máscara. Nessas improvisações, explorando o desejo de falar apareceu uma ladainha e certo jeito nordestino de falar e cantar, mas, ao mesmo tempo, a consciência em falar o menos possível e dar sentido ao contexto, situação ou jogo. A ladainha e todo texto que existiu em outras cenas formaram, então, apenas a base para as falas desta cena do Espectro com a Rainha e o filho Hamlet.

O saco preto com rede (Carrancudo)

Quando coloquei o saco preto não conseguia ver ninguém, somente perceber as pessoas se movimentando. Então fiquei parado e resolvi

DESCRIÇÃO DAS CENAS CRIADAS E AS MÁSCARAS UTILIZADAS PELOS ATORES   107

esperar. Essa posição de espera me fez cruzar os braços e ficar com os pés bem enraizados. Mas os minutos passam e você quer olhar de alguma forma, é quando começa a levantar mais o queixo para tentar espiar. Nesse momento entra a rede (como essas de saco de laranja), que coloquei junto com o saco preto. Quando levantei a cabeça como quem está olhando por cima, com nariz empinado, percebi a dificuldade em olhar pelos buraquinhos da rede, o que me fez franzir a testa, instigando ainda mais o estado de um carrancudo esperando, mas com um acréscimo, o de decidir pela vida das pessoas, sendo um anjo da morte.

O interessante no uso desses dois elementos foi a possibilidade de quebra na postura e no jeito de falar.

(Depoimento de Henrique)

O ator em processo de composição da personagem, sem máscara e utilizando as máscaras selecionadas.

Texto criado pelos atores durante o jogo

Cena Hamlet e Rainha

HAMLET: Ô, mãe... Ô, mãe, manhêêê... [Óculos]
RAINHA: Ofendeu muito seu pai, Hamlet! [Coturno]
HAMLET: Aiii! A Senhora que ofendeu muito meu pai, minha mãe. [Óculos]
RAINHA: Fala direito, moleque! Fica aí com essa língua enrolada. [Coturno]
HAMLET: A Senhora que não entende o que eu falo. É claro. [Óculos]

RAINHA (*risos*): Devagar... Esqueceu quem eu sou? [Salto + Leque e Don Juan]

HAMLET: Eu? A Senhora é minha mãe, esposa do meu tio [Óculos], irmão do meu pai. Não é, minha mãe? [Chapéu]

RAINHA: Vou ver quem pode conversar com você. [Salto alto + Leque] (*A Rainha tenta sair.*)

HAMLET: Como? Ô, mãe. Volta aqui, manhê. Ô, manhê. Ô, manhê. Volta aqui, minha mãe. Eu preciso falar com a Senhora. [Óculos]

RAINHA: Ainda está aí? [Salto alto + Leque]

HAMLET: Sente-se já aqui, minha mãe! [Chapéu] (*Hamlet pede que a Rainha se sente, mas não há cadeira.*)

RAINHA (*risadas*): O que vai fazer? [Salto alto + Leque] O que pretende? Me matar? Experimenta! [Matinta Pereira e Penhoar]

HAMLET: A Senhora vai sentar ou não? [Óculos]

RAINHA: Estou bem em pé. [Matinta Pereira]

HAMLET: Então sento eu. (*Senta numa cadeira imaginária.*) Preste atenção, minha mãe, no que eu vou te dizer agora. Tá prestando atenção? Quem em sã consciência trocaria isso [Óculos] por isso? [Chapéu]

RAINHA: Não vai virar meus olhos contra minha própria alma. [Matinta Pereira]

HAMLET: Que barulho é esse? Hã? É um rato, minha mãe! [Óculos]

(*Hamlet procura saber de onde vem o barulho. Encontra Polônio, aqui representado por um ventilador. Hamlet tira o ventilador da tomada, simbolizando o assassinato de Polônio.*)

RAINHA: Mas, meu Deus! O que foi que você fez? Que ação mais absurda! [Leque + Penhoar] (*Vendo o olhar de Hamlet no vazio.*) O que teus olhos veem no vazio? [Penhoar] Tá olhando o quê? [Coturno]

HAMLET: O que você quer? Reprimir seu filho de novo, é isso? [Chapéu] O que você está fazendo aqui? A gente já conversou! [Óculos]

ESPECTRO: Hamlet... Deixe tua mãe! [Velho]

RAINHA: Meu Deus! Está louco. [Penhoar]

HAMLET: A Senhora não vê? [Óculos]

RAINHA: Não vejo nada. [Penhoar]

ESPECTRO: Hamlet! [Velho]

HAMLET: Eu. [Óculos]

ESPECTRO: Hamlet... Deixe tua mãe! [Velho]

HAMLET: Não é fácil. Você sabe. Você sabe que não é fácil, a gente já tinha conversado.

ESPECTRO: Deixe, deixe tua mãe, Hamlet... Deixe... [Velho]

HAMLET: O que você quer? [Chapéu]

ESPECTRO: Tá perdendo seu tempo! [Saco preto com rede]

HAMLET: Você já me disse isso! [Chapéu]

DESCRIÇÃO DAS CENAS CRIADAS E AS MÁSCARAS UTILIZADAS PELOS ATORES 109

ESPECTRO: Então faça logo o que eu mandei. [Saco preto com rede]
HAMLET: Não é fácil, já te disse! [Chapéu]
ESPECTRO: E por que não? [Saco preto com rede]
HAMLET: Não é você que tem que fazer! [Chapéu]
ESPECTRO: Tá perdendo seu tempo! [Saco preto com rede]
HAMLET: Olhe bem para minha mãe! [Chapéu]
ESPECTRO: Deixe tua mãe... Deixe... [Velho]
HAMLET: Eu sei disso, mas é complicado. [Óculos]
ESPECTRO: Deixe tua mãe, Hamlet... Deixe. [Velho]
HAMLET: Minha mãe... A Senhora faz um favor pra mim? [Óculos]
RAINHA: Meu filho... Parte meu coração em dois. [Penhoar]
HAMLET: Não se deite com o meu tio esta noite, minha mãe. Por favor.
[Chapéu]
RAINHA: O que eu posso fazer? [Salto alto + leque]
HAMLET: A Senhora sabe muito bem o que tem que fazer! [Chapéu] Eu
estou indo pra Inglaterra. Só vim avisar a Senhora. [Óculos]
RAINHA: Ai, havia me esquecido. [Penhoar]
HAMLET: É bom que a Senhora se lembre! [Óculos]
RAINHA: Assim ficou acertado. [Matinta + Penhoar]
HAMLET: Então, minha mãe, eu estou indo embora. Vou levar este aqui,
tá? (Se referindo ao Ventilador/Polônio.) [Óculos]
– É, meu Senhor, ser prestativo demais nesta vida tem o seu preço.
[Chapéu]
Agora relaxe que é o último arrastão. Vamo lá! Agora ele morreu
de vez. [Óculos]
– Adeus, minha mãe. [Óculos]

Primeira Etapa

Cena desenvolvida com as máscaras em jogo.

Segunda Etapa

Cena desenvolvida com o corpo em máscara.

DESCRIÇÃO DAS CENAS CRIADAS E AS MÁSCARAS UTILIZADAS PELOS ATORES

CENA 2:

Trata-se da mesma cena anterior, porém realizada por atores diferentes. O intuito foi verificar, paralelamente, como uma mesma cena pode ser realizada de forma diferente, com outras máscaras sendo usadas como ferramenta e com outros atores em cena. Lindsey Zilli fez a Rainha, Brunno Oliver o Hamlet e Henrique Reis outra composição do Espectro.

Processo de criação de Brunno

Máscaras utilizadas para a criação de Hamlet:

Saia de carnaval

A saia é usada na cintura, virada para frente. Por causa da leveza e dos enfeites que balançam, ao usá-la o corpo também cria um balanço, um rebolado, um molejo, me traz muita leveza e flexibilidade para as pernas e para o quadril, me traz a imagem de uma criança levada que faz tudo o que lhe dá vontade. Isso tudo me trouxe principalmente um desequilíbrio no corpo; com essa saia eu não consigo ficar no eixo, estou sempre cambaleando de um lado para o outro.

Jaqueta amarela

A textura do couro e a cor vibrante me remetem a várias imagens. Quando eu visto a jaqueta, automaticamente meu esterno se projeta, a coluna se estica e me traz uma postura diferente, uma postura mais arrogante, pretensiosa, me traz a imagem de um adolescente rebelde que desafia a todos. Ao investigar as possibilidades da máscara, virei a jaqueta do avesso, pensando também no avesso de Hamlet. O forro da jaqueta é vermelho, essa cor me fez pensar no interior de um corpo humano, e o meu esterno, que antes estava projetado, levando tudo mais para o alto, foi se fechando, se retraindo, meus braços se retorceram e até minha voz ficou mais grave e profunda. Essa ação foi usada na parte em que Hamlet representa o Rei Hamlet e o Rei Cláudio. A saia de carnaval e a jaqueta amarela se completam no corpo apesar de me remeterem a coisas diferentes.

Peruca com chifres

Ao vestir a peruca, minha cabeça cai e meus ombros vão para trás. Os cabelos na frente me trouxeram a imagem de um animal arisco e acuado que a qualquer momento pode atacar. Essa imagem fez meu corpo mais animalesco, mais selvagem, me fez agir com o instinto, o irracional. Trouxe-me sons de animais, igual ao do gato quando está nervoso.

Capa branca

A suavidade, a cor e a leveza da capa, diferentemente das outras máscaras me trouxe fragilidade, delicadeza, carência, como a de uma criança em busca do colo da mãe. Meu corpo ficou muito mais comprimido, meus ombros mais para dentro. É usada principalmente quando Hamlet pede para que a Rainha não se deite com seu tio.

Saddam Hussein

Ao colocar a máscara do Saddam meu corpo fica duro, rígido. A imagem do ditador, do terrorista, da autoridade, do tirano traz força ao meu corpo, me faz mais violento. Meu corpo fica austero e contraído.

(Depoimento de Brunno)

O ator em processo de composição da personagem utilizando as máscaras selecionadas.

Processo de criação de Lindsey

Máscaras utilizadas para a composição da Rainha:

Pano vermelho

O pano tem um peso que quando o coloco em meu corpo é como se estivesse vestindo uma armadura. Dessa forma, preciso que meu corpo se encaixe perfeitamente nela. Então abro o esterno como se colocasse meu coração pra fora sem medo de ele ser ferido. Mas essa armadura me aperta dos lados, então me traz uma rigidez corporal.

Coroa

Quando coloco a coroa, apesar de o algodão ser leve, sinto um peso. Para manter esse peso na minha cabeça, eu cresço a coluna, pescoço e assim abro mais o meu esterno.

Esses dois elementos, o pano vermelho e a coroa, deram origem a uma única máscara que foi criada em um dos nossos procedimentos anteriores e resgatada para esse momento de criação.

Saddam Hussein

Quando olho para a máscara vejo uma figura sarcástica.

Quando a coloco, eu tenho vontade de rir, e nesse riso vem o cruzar de braços de uma pessoa soberana, assim me trazendo uma força dentro de mim, que seria capaz de tirar qualquer um do meu caminho.

Colar

Só em pegá-lo e sentir seu peso é como se experimentasse carregar muito ouro. Quando o coloco, é como se eu estivesse repleta de joias e isso me lembra do meu motivo de continuar rainha ao lado do Cláudio, não deixando Hamlet estragar o meu prazer.

Sinto vontade de pegar e pegar aquele ouro para não esquecer de tudo isso.

Lenço

Ele traz uma leveza no ombro e nos braços. Muito dos movimentos dos braços são por conta do lenço.

Vestido

Quando coloco o vestido que possui um saiote cheio de pano me sinto livre e bela. Quando ando, sinto o peso do pano, então preciso movimentá-lo e esse movimento, que é um rebolar, me traz uma segurança e uma firmeza.

(Depoimento de Lindsey)

A atriz em processo de composição da personagem utilizando as máscaras selecionadas.

Processo de criação de Henrique

Máscaras utilizadas para a composição do segundo Espectro:

Colete e cinto com faca

O uso desses facilitadores me trouxe um estado de guerreiro. A forma de arrumar o colete no corpo provocou certa prontidão ao retificar a coluna. A brincadeira com a faca estimulou movimentos retos, direcionados e precisos com os braços e, com a necessidade de andar, esse movimento veio acompanhado e foi caracterizando a marcha do Espectro. Uma marcha precisa, com certa lentidão ou ritmo pausado, preservando o tônus, como um corte no ar. Ao retirar as máscaras, preservou-se o movimento de braços dissociado das pernas, coluna retificada e olhar preciso.

O véu de seda

Foi inevitável a escolha do véu diante da orientação de usar algo que fosse oposto ao que eu estava usando (colete e faca). Percebi uma quebra em todo o padrão anterior, um jeito mais leve de ser ou de se mover. O toque no véu me causou uma leveza nas mãos, trazendo um corpo adaptado ao véu e, assim, uma fala. Pensei rápido na questão de não falar muito e usar criações de texto minhas. Apareceu a seguinte frase:

"Você esta perdendo o foco, Hamlet!"

Daí em diante foi só administrar o estado e deixar que viessem outras palavras, se necessário.

COLETE E CINTO COM FACA	VÉU
Rígido	Maleável
Olhar por cima	Olhar meigo
Andar de soldado, de guerreiro	Andar curioso e delicado
Fala direta	Fala mansa e ponderada

(Depoimento de Henrique)

O ator em processo de composição da personagem utilizando as máscaras selecionadas.

DESCRIÇÃO DAS CENAS CRIADAS E AS MÁSCARAS UTILIZADAS PELOS ATORES   115

Texto criado pelos atores

Cena: A Rainha Espera e Hamlet Entra

HAMLET: Minha mãe, minha mãe, minha mãe... [Jaqueta amarela e saia de carnaval]

RAINHA: Meu filho, meu filho, meu filho... Ofendeu muito o seu pai. [Lenço e vestido]

HAMLET: Eu? Não, minha mãe, a senhora ofendeu o meu pai.

RAINHA: Vamos, vamos, me responde com essa língua tola. [Corpo: vestido e lenço] [Estado: Saddam]

HAMLET: E a senhora pergunta com esta língua indigna.

RAINHA: Esqueceu quem eu sou? [Tecido vermelho e coroa]

HAMLET: Não, a senhora é a rainha, esposa do irmão do seu marido. E antes não fosse a minha mãe. [Saia de carnaval]

RAINHA: Com licença. [Continua tecido vermelho e coroa + lenço]

HAMLET: Não saia daí! Você não vai sair daí até que eu a ponha diante de um espelho, para que você veja o reflexo mais profundo de si mesma! [Saddam Hussein]

RAINHA: Acha que eu tenho medo de você? [Corpo: vestido e Saddam] [Estado: Saddam]

(*Hamlet ouve um barulho.*)

HAMLET: O que é isso? Um rato? Um ratinho... Onde está o ratinho, onde está? [Peruca com chifres]

(*Hamlet caça o rato por todos os lugares, inclusive no vestido da Rainha. Hamlet encontra Polônio, representado imaginariamente pelo rato.*)

HAMLET: Ah! Aqui está o ratinho.

(*Se vira e solta um "pum" em Polônio/Rato, e ele cai morto.*) [Influência do Clown]

RAINHA: Louco! [Vestido]

HAMLET: Louco é matar o seu marido e se casar com o irmão dele. Eu vou torcer o seu coração se ainda houver alguma substância penetrável! [Saia de carnaval]

RAINHA: O que foi que eu fiz para a sua língua vibrar com esse ódio todo? [Lenço e vestido]

HAMLET: Um ato. Veja isto, o retrato fiel dos dois irmãos juntos. Veja este (*Hamlet se transforma no Rei Hamlet.*), veja a graça pousada neste olhar, os cabelos de um Apolo, um verdadeiro Júpiter. E esse outro (*Hamlet se vira e se transforma no Rei Cláudio.*), como uma espiga podre que contamina o irmão saudável. Você não tem olhos? Na sua idade o sangue aplaca os ardores e obedece a razão, mas que razão trocaria isto (*Hamlet se transforma no Rei Hamlet.*) por isto? (*Hamlet se transforma no Rei Cláudio.*) [Jaqueta amarela e Saddam Hussein. Vira a jaqueta do avesso mostrando seu forro vermelho para representar uma personagem e desvirando a jaqueta e mostrando seu tecido amarelo, representa a outra personagem]

RAINHA: Chega! [Saddam]

(*Hamlet corre em círculos em volta da Rainha.*)

HAMLET: E ainda assim se deita no azedo dos lençóis do assassino que roubou deste reino a sua joia mais preciosa. Um rei de remendos e retalhos! [Saia de carnaval e peruca com chifres]

RAINHA: Basta, moleque! [Continua Saddam]

(*Pausa. Hamlet vê o Espectro.*)

HAMLET: O que é isto? O que você quer? Veio repreender o filho que ainda não fez o que você queria? Acha que é fácil? Você fica lá, do outro lado, e vem me pedir para fazer o que não consegue, acha que é fácil? Porque pra você é cômodo... [Saia de carnaval]

RAINHA: [Corrente]

ESPECTRO: Shhhhh! (*Espectro bate palmas três vezes.*) Hamlet, você está perdendo o foco! [Véu]

HAMLET: Foco? Claro, pra você é fácil dizer que eu estou perdendo o foco já que está sempre aí mandando os outros fazerem o que você quer...

ESPECTRO: Shhhhh! Foco, Hamlet, foco! [Véu]

HAMLET: Está bem, eu vou manter o foco, quando eu vir o velho lá sentando de novo eu vou fazer o que você me pede, porque pra você é fácil fazer essas coisas, manda tudo para o filho. Enquanto ela... (*Aponta para a Rainha.*)

ESPECTRO: Tolo! Tolo! (*Dá um leve tapa no rosto de Hamlet.*) [Véu] A sua mãe pertence ao céu! [Colete, cinto e faca] (*Sai.*)

HAMLET: Já está indo? Ok. Vá embora. Já vai tarde... Adeus! (*Se vira para a Rainha.*)

RAINHA: Acabou? [Lenço]

HAMLET: O que?

RAINHA: Tolo, você parte o meu coração em dois.

HAMLET: Então jogue fora a parte pior e tente viver com a parte mais pura da outra metade! (*Vai escorregando até os pés da Rainha.*) Ah, minha mãe, não se deite com meu tio esta noite. E amanhã será mais fácil, e a noite seguinte será ainda mais fácil. [Capa branca de algodão]

RAINHA: O que devo fazer?

(*Se abraça ao ventre da mãe.*)

DESCRIÇÃO DAS CENAS CRIADAS E AS MÁSCARAS UTILIZADAS PELOS ATORES 117

HAMLET: Quando o rei balofo vier tocar a sua pele de maneira lasciva, quando ele vier acariciar os seus cabelos, não deixe que ele tenha a sensação de que arrancou de mim a revelação de tudo, não deixe ele pensar que não estou louco, que estou louco por astúcia!

RAINHA: Não. [Tecido vermelho e coroa]

HAMLET: Você não reconhece o seu filho?

RAINHA: E você reconhece a sua mãe? [Continua tecido e coroa]

(*Pausa. Os dois se levantam.*)

HAMLET: Estou indo para a Inglaterra, sabia disso? [Jaqueta amarela e saia de carnaval]

RAINHA: Está decidido então. [Corrente e vestido]

(*Hamlet sai e vê Polônio/Rato no chão.*) [Peruca com chifres]

HAMLET: Engraçado ver esse senhor assim, em vida era tão alegre e falante, e agora está tão quieto. (*Pega o "rato Polônio" com os dedos.*) Vamos, senhor, esse é o arrastão final. Adeus, mamãe.

(*Sai.*)

Primeira Etapa

Cena desenvolvida com as máscaras em jogo.

Segunda Etapa

Cena desenvolvida sem máscaras concretas,
mas com o corpo em máscara.

DESCRIÇÃO DAS CENAS CRIADAS E AS MÁSCARAS UTILIZADAS PELOS ATORES

CENA 3:

Hamlet e Ofélia/ Devolução dos presentes.
Cena realizada pelos atores Henrique Reis, que agora faz Hamlet, e Adriana Ribeiro.

Processo de criação de Henrique

A capa de algodão foi a primeira [máscara] por mim utilizada. Desde o momento em que eu a coloquei, senti um crescimento da coluna e um levantar do queixo, como quem está olhando por cima. Estava com a sensação de arrogância e de muitas pretensões em meu favor.

A peruca, a kalimba e o chapéu apareceram em um exercício semelhante ao da "mascarada", em que eu já sabia qual personagem da dramaturgia de *Hamlet* eu faria com aquelas máscaras.

A primeira foi a peruca que, por causa dos fios de cabelo bagunçados que incomodavam meus olhos, me fazia mexer a cabeça no sentido de tirar aquilo da minha frente e me permitir enxergar. Esses movimentos me trouxeram um estado de loucura e atenção com olhar periférico, pois olhava para onde conseguia sem os fios de cabelo na minha frente.

Após a peruca, fiz a composição com a kalimba, instrumento musical cuja sonoridade me trouxe alguns movimentos ritmados, iniciados após o toque em algumas das teclas. Esses movimentos depois entraram em sintonia com o estado psicofísico da peruca e, assim, cada toque com o dedo nas teclas do instrumento vinha acompanhado por um movimento da cabeça. Após bom tempo praticando, essa combinação ficou mais livre e orgânica.

Contrapondo as duas máscaras anteriores, utilizei o chapéu que depois de tantas "brigas", entre ele e eu, chegamos a uma conclusão do que faríamos. Abrindo um breve espaço aqui neste parágrafo, aproveito para relatar o aprendizado que foi em entender e aplicar o que disse Ariane Mnouchkine em Erguendo um Monumento ao Efêmero: "A máscara não é uma maquiagem. Não é um objeto entre outros. Tudo esta a serviço dela [...] São vocês que devem ceder à máscara, ela jamais cederá." Após entender o que a máscara estava mandando, veio um movimento de flexão do braço à frente do corpo com flexão anterior do tronco e cabeça, como se fosse um cumprimento a uma dama nos tempos antigos, em seguida surgiu uma voz forte e imponente, não poupando o português correto no modo de falar.

(Depoimento de Henrique)

O ator em processo de composição da personagem utilizando as máscaras selecionadas.

Processo de criação de Adriana

Véu roxo

O véu roxo é utilizado de duas formas: primeiro o véu cobre Ofélia, ajoelhada no chão, para esconder a verdadeira intenção dela, que é a sua participação na armação do Rei Cláudio e de Polônio contra Hamlet. Ela "reza", ou seja, se concentra para conseguir mentir, dissimular. Ele é roxo, lembra um luto, uma sensação ofegante/nervosa, que sufoca. Normalmente ela não agiria daquela forma.

A segunda maneira de utilização do véu é como na dança do ventre: na ida até Hamlet, quando Ofélia entra dançando e gira com os braços, ela está usando o véu como uma máscara.

No encontro com Hamlet, Ofélia chega se mostrando para ele, traz a alegria. Num outro momento, também traz o romantismo e uma leve sensualidade.

Peruca preta longa e flor no pescoço

Esses elementos eram parte de um figurino que utilizei em uma peça e que resgatei para utilizá-los aqui como uma máscara. Quando coloco essa peruca, vem uma boca, uma expressão facial e uma postura de desdém. A mão na cintura, empinando o peito, mostrando o quadril. É deboche, desdém, ela enfrenta mais Hamlet, demonstra atitude e força, não tem receio. A flor complementaria essa sensação e é utilizada como símbolo, depois, da entrega dela para Hamlet, porém é rejeitada.

Saia florida rodada

Ajuda no corpo, traz mais a coluna, o corpo se solta mais. Agacha e levanta quando quer provocá-lo. Ao soltar o corpo/braços, esse movimento, segurando a saia, levou à criação da ação dos tapas, a indignação que ela sente quando ele diz que não a ama.

Redinha amarela com moedas e conchas

Ao usar esta máscara pela primeira vez, me senti bela, uma modelo. Andava fazendo pose, dava meios giros com a cabeça, insinuante. Assim, resgatei-a para usá-la com esta intenção, na tentativa de seduzir Hamlet.

Cocar

Traz beleza e magia. Uma feiticeira linda fazendo um ritual de cura. Tem o pé batendo na terra e a ligação com o céu, com o divino.

Máscara com o saco preto e a gaze

Esta máscara traz tristeza profunda. Solidão. O rosto é afetado por estes sentimentos. Portanto, resgatei-a do vivido anteriormente para utilizá-la no final desta cena.

(Depoimento de Adriana)

A atriz em processo de composição da personagem utilizando as máscaras selecionadas.

Texto criado pelos atores

Cena Hamlet com Ofélia

HAMLET: Mais devagar agora que aí vem a bela Ofélia! [Peruca e kalimba]
HAMLET: Ofélia!? [Capa de algodão]
OFÉLIA: Hamlet, meu amor, como você está? [Dança do ventre/Véu roxo]
HAMLET: Ah, eu estou muito bem, não?! O que acha? Muito bem. [Continua capa de algodão]

OFÉLIA: Eu vim aqui te trazer uns presentes, eu não vou poder mais ficar com eles. [Peruca preta e flor]

HAMLET: Presentes? [Peruca e kalimba] Eu não, eu nunca te dei presente algum.

OFÉLIA: Sabe muito bem que deu, e regado de palavras tão doces. Você vai pegar, não vai? [Saia e redinha amarela, enquanto Hamlet diz a próxima fala, volta a peruca e a flor]

HAMLET: [Capa de algodão] Você é honesta? Você é bela?! [Peruca e kalimba] Pois saiba, Ofélia, que a beleza transforma a honestidade em algo muito ruim assim! Já a honestidade para transformar a beleza demora. Eu te amei um dia, Ofélia.

OFÉLIA: Eu acreditei. [Saia]

HAMLET: Ah, mas não devia. [Chapéu] Eu nunca te amei. Nunca.

OFÉLIA: Me enganou, me enganou, me enganou... [Saia] (Bate em Hamlet.)

HAMLET: [Capa de Algodão] Para! Para! [Peruca loira] Para! (Segura o braço de Ofélia.) Ofélia, você deve ir para um convento ou vai ficar aqui e gerar mais pecadores. Eu, quando vejo você, penso que a minha mãe poderia não ter me gerado. [Capa de algodão] Não acredite em nenhum de nós, somos todos canalhas. Vai, segue para um convento, um bordel. Onde está seu pai?

[Enquanto Hamlet diz a fala acima, "vem" a máscara do saco preto e a gaze]

OFÉLIA: Em casa. [Peruca preta e flor]

HAMLET: [Chapéu] Você não passa de uma grande mentirosa. Vai para um convento, um bordel, um conventilho, qualquer lugar que seja, mas...! [Peruca e Kalimba] Ofélia?!

OFÉLIA: Curai o príncipe. [Cocar]

HAMLET: [Capa de algodão] É isso?! Ofélia, Ofélia... ah, vai me dar? Isso tem cheiro de mentira. Eu já reparei como você se pinta... Deus te dá uma cara e você pinta outra. [Peruca e kalimba)] Eu afirmo que não haverá mais casamentos, aqueles que já estão casados permanecerão vivos, exceto um, é claro! Ofélia, parte antes que seja tarde. Confia em mim. Vai, Ofélia, segue o seu caminho. "Dudadudadu" (Reprodução do som feito com a kalimba.)

[Enquanto Hamlet diz a fala acima, "vem" a máscara do saco preto e a gaze. Também, Dança do ventre/Véu roxo]

OFÉLIA: Um nobre e louco que me desgraçou. Desgraçada de mim. [Saco preto e a gaze]

DESCRIÇÃO DAS CENAS CRIADAS E AS MÁSCARAS UTILIZADAS PELOS ATORES   123

Primeira Etapa

Cena desenvolvida com as máscaras em jogo.

Segunda Etapa

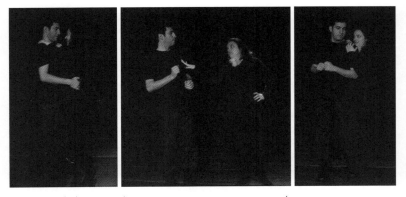

Cena desenvolvida sem as máscaras concretas, mas com o corpo em máscara.

CENA 4:

Desenvolvida a partir do tema 1 (O Pai Morto). Gustavo utilizou como estímulo de criação o processo de "experienciação" do escuro. Ele trabalhou com lanternas, com a relação de luz e sombra e propôs uma máscara expressiva realizada com o próprio rosto e com a imobilidade do corpo. A cena começa no escuro com um som de batidas do coração produzido por Henrique, que está no centro do palco, batendo a mão no peito. Aos poucos, Gustavo ilumina totalmente o próprio rosto; nesse momento o coração para de bater, ou seja, o som cessa. Ilumina-se Henrique, que está no centro, e posteriormente ilumina-se Brunno, que está na diagonal.

Processo de criação de Gustavo

Tentativa de explorar, por meio de luz e sombra, as possíveis máscaras expressivas existentes no rosto. Conforme a luz aumenta, é possível revelar partes do rosto que antes estavam ocultas. As sombras tornam-se linhas que desenham traços expressivos, as partes em que a luz toca a pele trazem textura e brilho. Aqui tentei manter o rosto o mais neutro possível, pois todo movimento e modificação deveriam ocorrer por consequência da intensidade da luz em relação às superfícies tocadas. O tempo tem uma relação direta com esse trabalho. Quanto mais o olho se acostuma com a luz existente no rosto e consequentemente com a máscara que esta luz e sombra formam, menos é perceptível a mudança de uma imagem para outra, ou seja, você percebe que a máscara se modifica, mas é praticamente impossível notar quando tal mudança ocorreu.

O que é criado e o que se vê: A relação que eu tenho com essa máscara, como já dito anteriormente, vai ao encontro da exploração da luz e do corpo, já a interpretação que se tem, pelo menos das pessoas do grupo de pesquisa, diz respeito a uma máscara "mortuária". Isso mostra que não necessariamente preciso me ater à criação de um signo ou significado para a elaboração de uma máscara – querer dizer algo –, a criação é possível também no sentido de traduzir, pelo ponto de vista daquele que vê: a relação que se estabelece no momento em que se vê a máscara.

(Depoimento de Gustavo)

Máscara facial proporcionada pela luz.

Para a realização da cena, Henrique usou, como composição de máscara, os coturnos pretos, a lanterna que se transformava às vezes em espada, uma lata colorida com uma gravata. O estímulo do escuro também ajudou. Criou o texto mesclando falas da tradução do original de Millôr Fernandes com a adaptação de Flávio Cafiero, e com a música "Caminho das Águas", de Rodrigo Maranhão (2007).

Processo de criação de Henrique
Cena: Pai morto

Então apareceu a proposta de fazer uma cena que falasse do PAI MORTO...

Era livre e tínhamos que associar a dramaturgia clássica com a nossa. Prato cheio para mim que me descobri neste processo.

Busquei no texto clássico *Hamlet*, de William Shakespeare, os trechos relacionados, que me trouxeram inspirações e relações.

Utilizei duas traduções para encontrar palavras ou frases que melhor se adequassem à minha ideia:

PRIMEIRO TRECHO
ATO I, CENA 2

"Preferira encontrar no céu inimigo mais ferrenho, a viver tal dia, Horácio. Meu pai!"

[Adaptação de Flávio Cafiero]

SEGUNDO TRECHO

ATO I, CENA 4

"O rei está acordado e dá banquete. Bebe a valer, rodando tudo em torno."

[Adaptação de Flávio Cafiero]

ATO I, CENA 3

"O Rei está fazendo uma noitada, promovendo uma orgia. Festeja e dança danças debochadas."

[Milôr Fernades e adaptação de José Lavigne e Filipe S. Tenreiro]

TERCEIRO TRECHO

ATO I, CENA 1

"Economia, Horácio! Meu pai acaba de morrer, meu tio e minha mãe aproveitam para se casar, assim os assados do velório puderam ser servidos como frios na mesa nupcial."

[Milôr Fernades e adaptação de José Lavigne e Filipe S. Tenreiro]

Para compor a cena, senti necessidade de utilizar uma música, que foi:

CAMINHO DAS ÁGUAS

[Composição: Rodrigo Maranhão]

Leva no teu bumbar, me leva
leva que quero ver meu pai
caminho bordado a fé
caminho das águas
me leva que quero ver meu pai

a barca segue seu rumo, lenta
como quem já não quer mais chegar
como quem se acostumou no canto das águas
como quem já não quer mais voltar

os olhos da morena bonita
aguenta, que to chegando já
Na roda cantar com 'ocê
ouvir a zabumba
me leva que quero ver meu pai.

Com os trechos retirados do texto clássico associados à música, pensei:

1. samba na latinha (tinha que ser feito com um cofrinho cheio de moedas, pois envolve dinheiro/poder/trono), porque estávamos em uma festa do Rei Cláudio;

DESCRIÇÃO DAS CENAS CRIADAS E AS MÁSCARAS UTILIZADAS PELOS ATORES   127

2. conflito com a situação e com quem estava a favor dela, daí a dança acontecer como uma luta de esgrima; lembrei-me de usar a lanterna para iluminar os pés/coturnos, os passos a serem seguidos ou não, por isso ora há avanços ora retrocessos, como quem está com medo;

3. a gravata foi para simbolizar a seriedade da vestimenta de um homem, chefe de família, quando está sendo velado, é um costume antigo e que ainda prevalece nos dias de hoje, assim essa era mais uma ponte do ontem para o contemporâneo;

4. uso do *escuro* com as batidas do coração que vão parando como quem está morrendo.

Feita essa relação com os objetos e a sequência da cena, o texto final ficou assim:

(*Batendo no peito como se fosse o coração. Quando o "coração" para.*)

"Preferia encontrar no céu inimigo mais ferrenho a viver tal dia, Pai!"

(*Cantando e arrumando a gravata.*)

> leva no teu bumbar, me leva
> leva que quero ver meu pai
> caminho bordado a fé
> caminho das águas
> me leva que quero ver meu pai

(*Começa o samba na latinha/cofre com moedas. Ao terminar o samba, começa a falar o texto, com uma frase criada por ele mesmo.*)

"O Rei está acordado e dá banquete. Bebe a valer rodando tudo em torno. Festeja dançando danças debochadas e promove orgias. Me leva. Ou não me leva. Meu pai acaba de morrer. Meu Tio e minha Mãe aproveitam para se casar. Os assados do velório, agora podem ser servidos frios na mesa nupcial. Meu Pai."

(*Inicia canto com a movimentação dos pés/coturnos, sempre iluminados pela lanterna.*)

> leva no teu bumbar, me leva
> leva que quero ver meu pai
> caminho bordado a fé
> caminho das águas
> me leva que quero ver meu pai
> a barca segue seu rumo, lenta
> como quem já não quer mais chegar
> como quem se acostumou no canto das águas
> como quem já não quer mais voltar

(Depoimento de Henrique)

O ator em processo de composição da cena.

Brunno utilizou a máscara "neutra" (confeccionada por ele durante o processo de pesquisa) como base inspiradora, e a máscara se transformou em expressiva. Uma música[1], uma caneca de cerveja e confetes de carnaval.

Processo de criação de Brunno

Para a cena do Pai Morto eu utilizei apenas a máscara "neutra", uma folha de papel representando um cigarro e uma caneca. Decidi usar a máscara para trazer a expressão para o meu corpo, não para o meu rosto, para dar mais força ao gesto; a princípio eu não procurei uma máscara para chegar ao estado que me trazia o meu pai, eu me preocupei mesmo foi com o movimento. No decorrer dos ensaios eu fui percebendo que o meu gesto, com a repetição desse movimento, me trouxe o corpo do meu pai naturalmente, e então me movimentei exatamente como ele, com postura igual, erguendo o copo, bebendo e fumando do mesmo jeito. A cena inteira, a partitura corporal, a dramaturgia da cena me remetem à vida que ele está levando. No final, com os confetes, eu simbolizo a morte, e com a morte também vem a alegria, como se os confetes o levassem de volta para aquele carnaval que ele festejou tanto na sua juventude. A música é mais um elemento para compor a cena, pois meus movimentos também foram pensados para se comunicar com ela.

(Depoimento de Brunno)

[1] Cf. Música "Blackdown", de Patrick Wolf.

DESCRIÇÃO DAS CENAS CRIADAS E AS MÁSCARAS UTILIZADAS PELOS ATORES 129

O ator em processo de composição da cena.

Imagem da cena desenvolvida.

CENA 5:
Desenvolvida a partir do tema 2 (A amizade).

Processo criativo de Henrique

O primeiro símbolo que me veio à cabeça foi a flor. Logo pensei que deveria cultivá-las e assim apareceu o jardim e o regador. Aliás, o jardim foi influência de uma peça a que fui assistir: *Fragmentos do Desejo*[2].

Mas como usaria um objeto grande que ocupasse minhas mãos? Dessa questão surgiu ainda outro problema: se uso água, molho o palco, se não uso, pode ficar sem verdade. Então pensei na mangueira do chuveiro e inevitavelmente em como poderia prender esse objeto.

Então me lembrei da vivência com os sacos, gazes e faixas, e usei o saco preto para prender a mangueira, isso caiu como uma luva, pois pude prender a mangueira no saco preto, deixar minhas mãos à vontade e construir uma máscara. E de fato isso aconteceu, pois foi só vestir essa máscara que veio uma afetação no jeito de falar, gesticular, olhar, sentir, enfim, apareceu o esboço de uma personagem. Tinha a personagem e as flores que seriam as amigas dela.

Necessário era o texto, mas também queria trabalhar somente ou ao menos com o predomínio do estado. Não teve jeito, tive que falar. Aliás, essa é uma angústia minha nesse processo, pois ao mesmo tempo que entendo que o menos é mais e que o estado é mais importante do que falar e falar, ainda conservo a necessidade de trazer um texto, algo do que quero muito me desprender.

Com o texto não consegui falar de amigos de verdade, então pensei em amizades comuns, de histórias que se ouve por aí. Veio a criação de Pedro, José e João. Em seguida, a associação com Hamlet, então busquei Horácio, representante mais fiel e destacado amigo. Porém, nem tudo é um mar de rosas e Hamlet tem conflitos. Rosencrantz e Guildenstern não poderiam ficar de fora dessa história; por isso os dois juntos entre si e separados dos demais. O duelo ao estilo velho oeste norte-americano apareceu porque a relação de Hamlet com os dois parece um jogo de observação que culmina em um ataque final.

Mas ainda tem a primeira personagem que entra puxando o jardim de flores. Ela veio do meu desejo de não deixar de usar uma criação feita com os estímulos das máscaras de ataduras e de um jogo de improviso realizado no início do processo de pesquisa: "sala de espera de um hospital".

---

2 *Fragmentos do Desejo* da Companhia Dos a Deux, apresentado no Sesc Anchieta, na cidade de São Paulo, em 2011.

Sempre quando falamos de algum tema como amizade, amor, angústia, entre outros, associamos esses pensamentos a pensadores e a pessoas intelectualizadas, já estereotipadas como inteligentes, cultas e assim por diante. Por que não trazer alguém diferente disso tudo? Achei que poderia ser interessante criar uma personagem com algum distúrbio de comportamento ou até mesmo um retardo mental e com conhecimentos filosóficos.

Então pesquisei alguns pensadores, frases e me identifiquei com as frases do Aristóteles. Até porque também daria um peso neste "paradoxo" de comportamento da personagem.

Pronto! Estava aí o que eu queria, pois tinha a construção da personagem associada ao texto clássico, com dramaturgia própria, interpretado por uma personagem criada a partir do uso de máscaras.

Então trabalhei para associar ambos, pois a personagem da mangueira é a primeira (máscara das ataduras) afetada por sua máscara.

(Depoimento de Henrique)

O ator em processo de composição da personagem.

Sequência de texto criado pelo ator
Personagem 1 (ataduras)

(*Entra puxando "carrinho". Estaciona, triangula, coloca a corda no chão e vai para a plateia.*)
– Você tem amigo?
– Eu também.
– Oi, você lê livro?

– Eu também.

– O Aristóteles falou que a amizade não é apenas necessária, mas também nobre, pois uma das coisas mais nobres é ter muitos amigos.

– Você gosta do Aristóteles? Eu gosto do Aristóteles, eu leio. Sabia que tem a ética aristotélica.

– Na ética aristotélica, quanto mais influência e poder de manipular tem um homem mais necessidade ele terá de ter amigos.

– Mas ele fala que: "O verdadeiro amigo quer as coisas para as pessoas a quem ele ama, o amigo por acidente as quer para si. "

– Eu sei o que é amigo por acidente. O Aristóteles falou...

– O amigo por acidente, ele tem interesse, e aí a amizade acaba quando um não é mais útil, porque era um meio para se chegar a um fim.

– O Aristóteles que falou.

– Você faz teatro?

– Eu faço. Eu tenho uma máscara, ela vira personagem, você quer ver?

(*Caminha de volta para as flores, veste a máscara do chuveirinho e inicia a personagem 2.*)

Personagem 2 (saco preto com chuveiro)

– Ahhh, a amizade, vou regar o meu jardim!!!

(*Faz o gesto de quem está escrevendo no ar com a mangueira.*)

– "Há pessoas que choram por saber que as rosas têm espinhos,

 Há outras que sorriem por saber que os espinhos têm rosas!" [Machado de Assis]

– Vou regar meu jardim!!!

(*Identificando as flores.*)

– Pedro, José e João, amigos de ontem, não mais de hoje, uma pena!

– Pedro, amigo da infância que cresceu comigo chamando meu pai de tio e minha mãe de tia. Um dia me ofereceu e disse que era só um pouquinho, eu não quis. Outro dia me ofereceu de novo e disse que era só um pouquinho, eu não quis. Depois novamente, e novamente, e aos pouquinhos ele se afastou e nunca mais o vi como era.

– José sempre disse que iria fazer teatro. Fez e não fala mais comigo, só porque é o morador mais famoso da Praça Roosevelt.

– João cresceu ao meu lado, fez a faculdade que queria, casou com quem queria, viveu como queria, e eu tinha tantas coisas para fazer que não tive tempo de vê-lo; não sei onde está João.

– "Que eu não perca a vontade de ter grandes amigos, mesmo sabendo que, com as voltas do mundo, eles acabam indo embora de nossas vidas." [Ariano Suassuna]

– Vou regar meu jardim.

DESCRIÇÃO DAS CENAS CRIADAS E AS MÁSCARAS UTILIZADAS PELOS ATORES

– Horácio, meu bom amigo, fostes tu quem me constate do fantasma do meu Pai, que para ti apareceu na Esplanada. Manteve tudo em absoluto segredo como um amigo fiel.

– A ti confiei a responsabilidade de observar meu tio, Rei Cláudio, enquanto os atores representavam a morte de meu pai.

– A ti confiei a minha carta quando estava em direção à Inglaterra, dizendo do meu retorno e meus planos. E quando em solo ao teu lado, confiei revelar a canalhice real, uma ordem precisa do Rei da Dinamarca, meu tio, de cortarem minha cabeça, quando chegasse à Inglaterra. Rosencrantz e Guildenstern, amigos da infância, estavam me levando para a Inglaterra.

– Quando lhe disse: Me dê amizade – e eu lhe darei a minha, eu estava certo.

– "A amizade é um amor que nunca morre." [Mario Quintana]

– Rosencrantz e Guildenstern.

(Inicia o duelo com a tesoura, cortando a "cabeça", as flores que correspondem a cada um, fazendo o som de duelo dos filmes de velho oeste.)

Processo criativo de Denise

Quando se fala em amizade, a primeira imagem que surge na minha cabeça é a de um amigo muito querido. Como se alguém dissesse:

AMIZADE = "CADU" + DENISE

Somos amigos desde a barriga, como ele sempre diz. Nossas mães lecionaram na mesma escola infantil da prefeitura e engravidaram na mesma época. Sou apenas um mês e 25 dias mais velha que ele. Claro que tenho outros tantos amigos maravilhosos, mas esta é sem dúvida a amizade mais antiga. Nossos caminhos se bifurcaram e depois se cruzaram de novo e, desde então, mesmo quando se bifurcam, encontramos um atalho para nos encontrarmos. Às vezes sinto falta do tempo em que estivemos mais próximos, dividindo o mesmo espaço e compartilhando os mesmos sonhos. A vida tem dessas coisas, mas enfim... Perto ou distante, sempre será uma doce amizade.

Pensar nesses dois itens, o tema amizade e a história com o meu amigo Cadu, relacionando com a primeira imagem que me vem ao coração, não tem como utilizar outra máscara que não seja a do clown. Coisas de infância, da ingenuidade de criança, somente o clown poderia fazer brotar. Do nariz à bola vermelha e da bola vermelha à cambalhota. Da timidez e da "marotice". Do nariz e a bola, a união e a unidade, a relação de amor e carinho, respeito e consideração. Nasce um, ou melhor, dois seres encantados e deslumbrados. Amigos "bola" e "nariz". Jogar bola, brincadeira de criança. Dar bolo na boca, brincadeira de amizade.

Amizade e Hamlet

Hamlet e Horácio – Denise e "Cadu": relação de amizade verdadeira, de confidências, de compartilhar dor e amor. Amizade sem interesse, de confissões e conselhos.

Processo de criação da dramaturgia

– Amigo. Amigo é o nome que te dou.
– Há muita coisa mais no céu e na terra, Horácio, do que sonha a nossa pobre filosofia.
– Desse modo, sem mais formalidades, apertemos as mãos e dispersemo-nos.

[William Shakespeare]

Modificado para:

– Agora me despeço sem formalidades. Adeus.

Hamlet, Guildenstern e Rosencrantz

Colegas, pessoas que estão juntas por acaso, pela idade, por apreciar os mesmos locais de passeio, pelas noitadas, por conveniência ou não, apenas colegas.

Guildenstern e Rosencrantz representados por bolas menores dispostas no início da cena da amizade em cantos opostos. São duas bolas oito da sinuca. Bola preta, última bola do jogo. Final de partida!

– Senhores. Senhores. Sejam bem-vindos a Elsinor.

(*Hamlet com uma bola em cada mão.*)

– Mas, conjuro-vos pelos direitos de nossa camaradagem, pela consonância da idade, pelas obrigações de nossa sempre comprovada afeição e por tudo de mais caro que pudesse ser invocado por um orador mais convincente do que eu; sede sinceros comigo...

[William Shakespeare]

Modificado para:

– Mas, peço-lhes, pelos direitos de nossa camaradagem, pelos laços de nossa juventude e pela nossa amizade jamais interrompida; sede sinceros comigo.
– É chegada a hora da noite em que se abrem os túmulos e o inferno lança ao mundo a peste.

As bolas são lançadas rente ao chão. "Cabeças vão rolar." Bolas rolam até proscênio e caem em cestos tal quais cabeças guilhotinadas pelo carrasco caindo em cestos forrados com palha para reter o sangue.

(Depoimento de Denise)

DESCRIÇÃO DAS CENAS CRIADAS E AS MÁSCARAS UTILIZADAS PELOS ATORES 135

A atriz em processo de composição da cena.

Percebe-se nessas duas sequências do "Pai morto" e da "Amizade", que a máscara está presente como uma das ferramentas utilizadas como estímulo, mas não a única. Efeitos sonoros, visuais, memória pessoal, imagens e a própria relação com o texto foram utilizados. Provoquei-os na criação de um texto próprio, mas que poderia ter características ou palavras do texto original, de modo que surgisse um terceiro texto, oriundo da mistura do original com o criado pelo ator, numa fusão, proporcionando uma linguagem diferente.

11.

As Fendas.
Sementes Lançadas.
Futuros Frutos...

Quando hoje lanço um olhar sobre o caminho percorrido, sobre toda a minha vida na arte, dá-me vontade de comparar-me a um garimpeiro de ouro, que antes tem de errar por brenhas intransponíveis a fim de descobrir o lugar em que se encontra o ouro bruto e só depois lavar centenas de arroubas de areia e pedras para separar algumas pepitas do metal nobre.

CONSTANTIN STANISLÁVSKI, *Minha Vida na Arte*

Durante o processo de pesquisa aqui relatado, muitas vezes me deparei com a dificuldade de me fazer entender como pesquisadora e não simplesmente como a "professora detentora do saber". Também tive dificuldades para fazer com que os integrantes do trabalho se percebessem como atores-pesquisadores, como agentes pensantes, proponentes e criadores, e não como simples alunos que recebem a informação ou a aula com os conteúdos prontos. Temos de respeitar o repertório apresentado pelos aprendizes e, ao mesmo tempo, encontrar fendas para fomentar neles uma vontade de expandir o repertório e as possibilidades de criação. Disciplina, comprometimento e força de vontade são determinantes para que o aprendiz se transforme em um *"performer"*, em um artista "mais completo". Saber ensaiar, treinar seu próprio repertório, mantendo-o vivo, é um objetivo a ser conquistado diariamente.

140

Ensinar a criar, a estudar, a pesquisar, a experimentar de infinitas maneiras, é um grande desafio artístico-pedagógico.

Os relatórios, a escrita constante do vivido, as dúvidas e reflexões compartilhadas no coletivo, a narração do processo de criação durante as apresentações abertas na Mostra de Experimentos do Teatro da Universidade de São Paulo (Tusp)[1] e em grupos de pesquisa, estimularam os atores a ter maior compreensão do trabalho com as máscaras, tornando cada vez mais claro os caminhos escolhidos, as associações, as apropriações e o repertório adquirido.

O amplo trabalho com as máscaras e suas experimentações trouxe outro campo de pensar e agir em relação à criação, possibilitando aos atores chegar a resultados imprevisíveis e diferentes, aumentando o repertório e a possibilidade de escolhas no futuro fazer desses sujeitos. Eles podem usá-las com infinitas combinações e em várias pesquisas e montagens teatrais, levando a cena a outro lugar, saindo do conhecido e preestabelecido.

As dificuldades estiveram presentes, como se detecta nos depoimentos dos atores ao longo do processo relatados no final deste livro. A resistência para se deixar envolver pelo universo das máscaras e não somente pelo sistema Stanislávski, que era até então o repertório conhecido dos atores, foi a mais forte delas. O desafio foi justamente quebrar essa resistência e abrir um espaço para que se vislumbrasse outra possibilidade criativa que partisse do jogo, da máscara e que levasse ao extracotidiano.

Observo e inspiro-me nos caminhos dos grandes mestres referenciados neste estudo, em especial no do meu orientador Armando Sérgio da Silva, que tem, nos seus aprendizes e no Cepeca, pavimentado alguns caminhos próprios de ensino-aprendizagem, nos

···
1   A Mostra Experimentos é uma ação continuada do Teatro da Universidade de São Paulo (Tusp) cujo objetivo é oferecer uma pequena amostragem da produção das escolas de formação em teatro – em nível superior e/ou técnico – do estado de São Paulo. A cada edição da Mostra são experimentados novos desdobramentos – tais como *workshops*, sessões comentadas de espetáculos e diálogos após cada apresentação. Apresentamos parte do processo de pesquisa nas edições de abril de 2011 e março de 2012.

quais as descobertas ocorrem nas trocas e em experiências práticas, no vivido durante o processo de "experienciação".

A máscara provoca o inacabado, estimula as reticências, deixando que cada sujeito complete e (re)signifique sua própria história num jogo permanente de criação, chegando a ser o próprio resultado de sua criação no final de um processo criativo. Considero o caminho percorrido pelo ator nesse processo de gestação muito importante.

Os objetivos traçados inicialmente de trazer à luz a consciência do repertório adquirido, a metodologia de criação de personagens, viabilização da presença e dos estados psicofísicos, ampliação do repertório artístico de cada aprendiz por meio da máscara, foram atingidos. Mais firmes e frutíferos em alguns aprendizes, mais superficialmente em outros. Mas as sementes foram lançadas.

Esperamos contribuir com o fazer artístico e agregar conhecimento aos respectivos leitores deste estudo.

Apêndice –

Considerações de Cada "PesquisAtor"

As questões que nortearam estes registros foram as seguintes:

1. Em relação ao processo de pesquisa-criação, escreva sobre suas dificuldades e as facilidades encontradas ao longo do processo.
2. Como você passou a olhar para o trabalho do ator e a elaboração de "cenas" (por meio das improvisações e também partindo de texto dramático) a partir do trabalho com as "máscaras"?
3. O que a pesquisa contribuiu para o seu fazer artístico-pedagógico?
4. Escreva livremente sobre o processo.

Adriana Ribeiro

Quando recebi o convite de Renata Kamla, fiquei muito contente. Estava acabando o curso de técnico-ator, meio sem saber o que fazer ou aonde ir. Participar deste trabalho seria um modo de me aprofundar na arte de atuar, lendo e me exercitando mais. Uma turma menor de colegas-atores, na mesma fase que eu e igualmente interessados em crescimento, também foi convidada a fazer parte da pesquisa. Era um grupo novo para mim, com pessoas que me fariam ficar mais relaxada, desprendida. Meu objetivo pessoal ao ingressar nesse grupo foi o de me soltar ao máximo! Não ter medo do chão, agachar, levantar, ser ágil e disposta, permitir-me "fazeres" novos, deixando fluir, foi uma meta que coloquei a mim mesma.

No início da pesquisa, experimentamos várias "máscaras" no sentido amplo da palavra. Fizemos algumas, compramos outras. Basicamente, elas eram vestidas e após isso vinha o improviso, o jogo das "máscaras". Tudo era guiado, num primeiro momento, por Renata Kamla, fluindo depois com a colaboração do grupo; ficávamos um tempo com as "máscaras" para perceber o que elas nos despertavam no corpo e na mente.

Para mim era difícil estabelecer como seria uma cena, por exemplo, usando esses tipos de jogos/improvisos, pois, uma vez colocada a "máscara", permanecia somente no estado que ela me despertava no momento. Então, fui me soltando para deixar o racional de lado, ou pelo menos tentar. Para mim, entender tudo nos mínimos detalhes é importante, mas procurei deixar que isso viesse com o passar do tempo, com os ensaios, leituras, pesquisas e discussões.

Outra dificuldade que tive foi fazer com que o improviso surgisse do estímulo despertado pela máscara, pois percebia, às vezes, que as coisas não aconteciam de modo tão espontâneo. Mas, conforme a pesquisa ia caminhando, isso foi sendo contornado. Fui entendendo que o uso da máscara é uma ferramenta como várias outras possibilidades que o ator tem para criar, construir.

Os trabalhos de consciência corporal que realizamos nos aquecimentos foram fantásticos. Creio que meu corpo melhorou bastante, embora queira mais!

Cabe citar em destaque o trabalho com máscara neutra. Um treinamento maravilhoso, no qual temos que deixar o racional de lado, ativando outros mecanismos, com o corpo vindo em primeiro lugar: olhar pela primeira vez e ter a ação; estar preparado para o que vier. Sem dúvida, toda essa parte do treinamento corporal foi

APÊNDICE – CONSIDERAÇÕES DE CADA "PESQUISATOR" 147

importantíssima, facilitando o trabalho com a ferramenta usada nesta pesquisa. Gostei e aprendi muito com isso.

A parte mais trabalhosa foi juntar todo o repertório vivenciado numa única cena, gotinhas diante do oceano imenso de aprendizado e emoções que tínhamos vivido até então. Aliás, todo o processo de atividades, de leituras, de discussões é muito mais rico do que quando temos de nos fecharmos numa cena só, num texto só, numa ação só! Dá vontade de sempre estar em processo... Mas, o objetivo disso tudo é o fechamento, isto é, ver como toda essa riqueza se mostra nas cenas, no espetáculo, no "ser atriz".

A ferramenta da "máscara" no fazer artístico é muito válida. É mais uma possibilidade dentro das várias existentes para a construção da personagem. Não acho que exista uma ferramenta melhor que outra. Creio que temos de usar *todas*. Para uma cena ou um aspecto da cena se encaixa uma ou outra ferramenta. Essa clareza aconteceu depois de todo esse tempo de estudo, pois antes achava que só deveria usar as "máscaras" como ferramenta, uma vez que este estudo tem esse propósito. E quando havia um estímulo utilizando uma determinada máscara, deveria continuar nele durante toda a cena e/ou todo texto.

Quando nos reuníamos e trabalhávamos somente o improviso numa determinada máscara, era mais fácil acontecer o jogo espontâneo. Não precisávamos racionalizar as ações e/ou pensamentos. Jogávamos com a nossa própria máscara e com a do outro, sem roteiros ou algo do gênero. Era saboroso brincar com tudo. A partir do momento que fomos para o texto dramático, a coisa complicou. Parecia que tudo o que tinha sido feito antes havia se perdido. Vinha a sensação de que não sabia usar e/ou fazer a ligação entre as máscaras e as cenas/falas, principalmente. Ainda mais porque trabalhávamos com *Hamlet* e toda sua linguagem clássica.

Permanecer com o estímulo da mesma máscara nas ações de toda uma cena era difícil, estranho, porque havia falas ou mesmo palavras que exigiam outras máscaras e ações. Após ensaios e discussões foram "caindo as fichas". Poderíamos usar várias máscaras, quantas fossem necessárias para a personagem – enquanto *persona*, enquanto falas da cena trabalhada, além de outras ferramentas existentes para a construção.

O trabalho do ator é enriquecido com o uso das máscaras, em especial na execução das ações físicas e atitudes. É mais fácil pensar numa ação quando se está mascarado, pois ela vem mais naturalmente. Depois é só harmonizar com o texto e temos a cena. Acredito que todo o estudo me ajudou a perceber caminhos para a construção das personagens, ações e atitudes.

Sou uma atriz que racionaliza bastante, tudo tem que passar por um entendimento. Dentro dessa minha característica, posso esboçar um "roteiro" do meu fazer artístico:

1. Ler o texto e conhecer a história a ser contada.
2. Analisar tempo, espaço, circunstâncias etc.
3. "Pegar" a personagem e verificar a "vida" dela, desde o passado até o presente. Imaginar o que ela faria ou não.
4. Ir para as cenas e falas. E aqui ir experimentando e relembrando tudo o que já fiz e estudei para compor as ações necessárias. Nessa etapa, a ferramenta máscara aparecerá, facilitando as ações físicas e atitudes.

Fiz um "roteiro", mas na verdade tudo se completa, se aglutina. Para fazer as cenas com mais verdade, e não fabricando, o estudo com as máscaras é muito bom e interessante. Treinar colocar uma ou mais máscaras e jogar com o outro, improvisar sem compromisso, me ajuda a racionalizar menos e a sentir mais, agir. Isso é bom.

Foi sem dúvida um trabalho muito interessante e prazeroso. Uma equipe comprometida foi também um ponto forte para que todos saíssem lucrando desse processo. O meu objetivo pessoal? Gostei do resultado, obtive progresso, mas sinto que posso ir mais longe. Arrisco dizer que estou no caminho certo para continuar e chegar lá.

APÊNDICE – CONSIDERAÇÕES DE CADA "PESQUISATOR"

Brunno Oliver

Participar da pesquisa durante quase dois anos mudou muito a minha relação com o teatro; tudo o que eu absorvi vai ecoar durante muito tempo na minha carreira, e também na vida. Quando iniciamos a empreitada de ser ator, começamos com uma visão pequena, estreita e comum; o teatro parece ser simples e interpretar parece ser fácil, mas, ao longo do estudo, percebemos as dificuldades que existem nesse caminho. A ironia do teatro está em como ser natural em cima de um palco, algo que em teoria parece ser fácil. Mas no momento em que entramos em cena tudo parece mudar, o corpo fica rígido, a voz fraca, perde-se a naturalidade, e então se precisará de anos de estudo para encontrar a tão aspirada espontaneidade perdida. A pesquisa com as máscaras me trouxe um norte, um caminho que até então era nebuloso na minha cabeça. Anteriormente o meu processo de criação seguia mais a intuição do que eu supunha, era mais racional, por isso descobri que tem situações em que alcançamos o estado em cena e outras em que não. Esse tempo de estudo me fez pensar que o ator precisa ter um processo de criação do qual ele tenha consciência, para poder utilizá-lo sempre que for necessário.

O que eu pude entender de mais claro foi a importância do autoconhecimento e da percepção corporal para o trabalho do ator. Tive muitas dificuldades ao longo desse tempo, como, por exemplo, manter o corpo inteiro nas ações que estou propondo, ter tônus e precisão. O treinamento que realizamos com a máscara neutra me trouxe uma nova consciência sobre a interpretação, me fez pensar que o corpo deve ser expressivo por inteiro, aprendi que o simples às vezes diz mais que o complexo, e que é mais importante vivenciar a ação do que simplesmente interpretá-la. Esse treinamento serviu como aquecimento para a pesquisa; é importante estar aberto para novas possibilidades.

Fizemos muitas improvisações com máscaras. No começo eu era mais eufórico, sentia a necessidade de fazer alguma coisa, mas com o tempo fui percebendo que é preciso se acalmar e deixar fluir, pois a máscara exerce influência no corpo; é só se deixar penetrar por ela.

Percebi que gosto e até tenho facilidade em criar cenas livres; é deliciosa a sensação de liberdade e de poder criar com infinitas possibilidades, diferente de um texto dramático que já vem com registros pré-estabelecidos que precisamos quebrar para construirmos algo novo e nos adaptarmos. Já o processo com o texto foi mais complicado. Uma dificuldade que tive foi encontrar a voz da máscara; existem máscaras que já trazem uma particularidade, como a do "Saddam" que, para mim, traz uma voz mais grave e forte, e outras que são mais abstratas, são difíceis. Às vezes o que foi utilizado na máscara anterior persiste, o mesmo com o corpo, e é importante termos a consciência de onde vem o corpo e os gestos para não nos viciarmos neles posteriormente. Procuro me ater a isso, buscando soluções diferentes.

Percebi que o método das máscaras não é mais fácil que os outros. Ele exige um grau de liberação do corpo e da mente que ainda é difícil para mim. Estar aberto e receber as afetações que a máscara propõe é complicado, para quem aprendeu que precisa racionalizar e pensar em uma determinada personagem. Esse ainda é um dos desafios que estou percorrendo, ainda não encontrei um método de criação pessoal, estou tomando as máscaras como base para o meu processo ao longo da minha carreira.

Hoje sou um ator diferente de como era quando comecei. Esses dois anos de estudo me trouxeram um conhecimento que seria difícil adquirir por outros meios. Descobri que existem inúmeros caminhos de criação, encontrei no meu corpo e na minha voz possibilidades que antes eu desconhecia. Aprendi que é importante olhar para o corpo, saber como ele age e reage e que quando se está em cena não se pode pensar em mais nada. Todo o ensaio, todo o trabalho realizado já está absorvido e na hora da ação deve-se apenas vivê-la, senti-la, estar aberto para propor e para entrar na proposta. Descobri um prazer enorme que é estar no jogo da improvisação, pois é muito mais fácil quando se entra livre de pensamentos do que inventar mil e uma ações para fazer. A pesquisa se tornou um guia para mim, mas a estrada é longa, ainda tenho muitas barreiras para quebrar, muitas alternativas para descobrir, muitas situações para vivenciar e muitos livros para ler.

Denise Verreschi

No processo de pesquisa-criação, uma das maiores dificuldades que encontrei foi driblar o conflito interno entre o aprendizado recém adquirido após três anos de estudo em uma escola técnica, que utiliza como base o método Stanislávski, e o que estava chegando de novo para o meu fazer teatral. Mesmo que de modo não consciente, meu corpo já formatado resistiu um pouco. Durante esses dois anos de processo percorrido entre estudo e prática, o novo foi um caminho prazeroso, no qual muitas impressões, foram sendo marcadas e registradas em cada parte do meu corpo e no corpo como um todo, mas o amadurecimento dessas impressões no sentido de expansão e expressão das mesmas, vem com o tempo e creio que nunca chegue à perfeição, uma vez que sempre haverá algo mais para complementar, para aprender e amadurecer. Creio que deve ser assim até o último suspiro da arte.

Para mim, o uso das máscaras dentro do contexto deste estudo, quando aplicado de forma livre, permitiu que eu descobrisse e conhecesse inúmeras possibilidades para o meu próprio corpo, que eu desconhecia ser capaz de fazer, ou mesmo que acreditava que pudesse talvez não me sentir livre para tal. Ao mesmo tempo, o treinamento e estudo constante se agregaram ao conhecimento da técnica, como no caso da máscara neutra. Contudo, não posso deixar de expressar que houve momentos de agonia. Por inúmeras vezes me senti presa à máscara nos instantes de utilização dela, junto de uma dramaturgia já conhecida. Senti que ao mesmo tempo que pode ser libertadora, se usada de modo errôneo a máscara pode ser também aprisionadora, e esse é um dos maiores cuidados que procuro ter: o de não cair no próprio embuste que eu mesma crio, de modo a ser medíocre na minha arte. Um deslize pode engessar, e a consciência disso para mim é importante no uso da ferramenta de forma adequada.

Elaborar cenas livres por meio de improvisações utilizando a máscara como ferramenta é fantástico e proporciona a criação de cenas belíssimas. O corpo responde de maneira diferente, se relaciona diferente, conversa diferente e isso é muito bom. É gostoso porque parece uma descoberta a cada máscara utilizada. Já o meu olhar sobre o uso da máscara, partindo de um texto dramático, é mais delicado. Partir de um texto dramático e usar máscara para criar a cena, a personagem, é complicado, principalmente no momento em que uma personagem é tão complexa quanto o ser, isto é, quando é constituído de inúmeras facetas, e somente com a utilização de várias máscaras é possível criar as nuances da dramaturgia. Já a criação por si só é tão profunda quanto em uma metodologia tradicional e arrisco dizer que talvez até mais. Sinto que as marcas deixadas jamais deixarão de existir. Além da criação da própria personagem, o jogo deve ser estabelecido com a outra personagem e sua(s) máscara(s). Conseguir confluir tudo, a máscara, a comunhão, o jogo em cena, de forma a manter a organicidade e o frescor é tão difícil quanto a utilização de outra ferramenta qualquer. A máscara ajuda, sim, nas impressões deixadas no corpo por meio da força, da energia que cada uma delas possui, mas mudar de uma máscara a outra durante as cenas de modo sutil exige treino. Por mais que se queira extinguir uma pré-concepção durante um improviso, ela acaba existindo, e a escolha de pelo menos uma das máscaras utilizadas na criação da personagem pode acabar sendo algo previsível. Embora se deseje o contrário.

A pesquisa me mostrou outro mundo que talvez eu nem viesse a encontrar na minha carreira artística se continuasse pelo caminho por onde comecei. Contribuiu no sentido de vislumbrar possibilidades infinitas, em que tudo pode ser criado a partir de uma faixa com furos desencontrados, de uma saia de guizos, de um saco

APÊNDICE – CONSIDERAÇÕES DE CADA "PESQUISATOR"

plástico. Contribuiu com o autoconhecimento do meu corpo, com seus limites e a superação dos mesmos. Como uma profissional, penso que há muito por vir, mas que nesse porvir a máscara poderá estar presente, não apenas utilizando a ferramenta por meio do uso de novas máscaras, mas revisitando impressões já encontradas, já marcadas no corpo durante esse período da pesquisa, e também propagando sua utilização.

Para mim, o processo de modo geral seguiu uma linha que promoveu o autoconhecimento e crescimento gradativo do fazer teatral. O que sei é que hoje não sou mais a mesma atriz que começou a pesquisa há dois anos. Penso que houve um desenvolvimento que agora parece desabrochar. Houve momentos em que senti um grande desabrochar, como no treinamento da máscara neutra, no uso das vendas ou das máscaras, que me proporcionaram outro corpo e deixaram suas marcas eternas impressas. Em outros momentos, senti que obtive um pequeno desabrochar e, em outros ainda, senti que houve uma estagnação (normalmente naqueles instantes de agonia da criação). No geral, a trajetória percorrida foi incrível por causa do mundo do inesperado se revelando a cada encontro do grupo.

Gustavo Guerra

É muito difícil resumir um processo de pesquisa de dois anos em uma lauda. Torna-se ainda mais dificultoso quando a descrição pode parecer muito sintética, não pelo seu tamanho, mas sim por talvez não conseguir traduzir em palavras o quão rico foi o processo para minha trajetória como intérprete e também para minha vida. No entanto, tentarei expressar, de maneira que fique o mais claro possível a minha visão sobre nossa vivência em conjunto.

O percurso que fiz nesta pesquisa me faz enxergar a máscara como uma possibilidade pedagógica ampla para a formação do ator/

intérprete, tornando-se uma metodologia funcional no desenvolvimento do ensino do fazer teatral.

Durante os dois anos de trabalho com as máscaras, pude perceber alguns momentos que para mim eram mais difíceis e outros que se revelavam mais fáceis. Tentarei descrever neste breve relato quais foram as principais e, portanto, as mais significativas dificuldades e facilidades encontradas no desenvolvimento do estudo.

Sem hesitar, posso afirmar com ampla certeza que a maior dificuldade com a qual me deparei durante o nosso processo foi em relação ao texto (Neste caso, a inserção da palavra "texto" se refere ao texto falado, à emissão de ruídos ou de qualquer sonoridade vocal). Hoje, posso observar que meu trabalho de verticalizar e perceber a fala só se fez presente com maior significação na segunda metade do desenvolvimento da pesquisa. Renata sempre nos estimulou a buscar o som, que possivelmente poderia ser emitido em um ou outro exercício, que traria algum tipo de corpo e certamente era contentor de determinado som, mas para mim era sempre muito difícil deixar esse som sair. Era orgânica no meu processo a relação Corpo/Máscara, mas só fui descobrir o relacionamento existente entre Corpo/Máscara/Voz na última fase da pesquisa, quando iniciei o trabalho de criação da personagem Hamlet. Aqui alcancei a percepção e escuta do próprio corpo. Entendi como o corpo e a voz estão inteiramente fundidos em um único sistema de constante troca, são construídos e reconstruídos o tempo todo, tornando a fala mais uma possibilidade de comunicação do corpo.

Minha dificuldade com a fala foi superada com a verticalização na percepção corporal já trabalhada há muito tempo. Consegui acionar e perceber em meu corpo a escuta necessária, para que toda potência sonora contida em cada gesto, em cada fragmento alterado corporalmente, pudesse enfim falar. Foi incrível isso, acreditem!

Recordo-me de outra etapa que se mostrou bastante difícil; quando iniciamos um pequeno trabalho com a máscara do clown. Se fosse definir um verbo de ação para esse fragmento da pesquisa,

APÊNDICE – CONSIDERAÇÕES DE CADA "PESQUISATOR" 155

este seria *Revelar* (Em uma rápida busca ao dicionário, por definição: "tirar o véu a; descobrir; mostrar-se"). Pode parecer fácil, mas com o clown pude entender como é complexo revelar aos outros o que verdadeiramente somos. Se é que isso é possível... Como diz Friedrich Nietzsche: "Nós, homens do conhecimento, não nos conhecemos; de nós mesmos somos desconhecidos."[1] Impossível conhecer algo verdadeiramente, já que há uma transformação contínua do ser e do mundo à nossa volta.

Permitir deixar que a máscara te afete, jogar com o outro, descobrir que seu ridículo é material para se alcançar o tão difícil elemento risível são alguns princípios que aprendi no decorrer do trabalho com a máscara de clown, superando o medo do revelar-se.

As facilidades que posso identificar na pesquisa como um todo estão inevitavelmente ligadas ao corpo. Todo processo de elaboração de aquecimento, sensibilização corporal, máscara neutra, "deixar-se afetar", decupagem de movimento, triangulação etc. Por já desenvolver um trabalho de estudo com o corpo, encontrei na atividade com a máscara uma forma de ampliá-lo.

O olhar agora ganha uma nova amplitude de estrutura, no que diz respeito ao trabalho do ator e ao desenvolvimento de cenas. A potência de criação que a máscara oferece abre um leque de infinitas possibilidades no fazer teatral.

No âmbito do trabalho do ator, é perceptível que o estudo com a máscara nos move para lugares nunca antes alcançados. O acréscimo se faz presente quando nos deparamos com um corpo extracotidiano que se constrói quando relacionado com a máscara, com a voz que se revela no ato do jogo improvisacional, que talvez nunca fosse criada por meio de um processo sistêmico clássico stanislavskiano, por exemplo.

O desenvolvimento da cena, quando assumida uma estrutura de jogo com máscaras como alicerce de trabalho na edificação da

••• 1 Genealogia da Moral, p. 7.

encenação, ganha características semelhantes às citadas acima, só acrescentando um fator muito importante que é a maior apropriação, por parte do intérprete, da construção das cenas e, concomitantemente, do conjunto de toda obra.

Aprendi que máscara é sinônimo de corpo. Não consigo enxergar o trabalho de máscara, dentro do processo de criação do ator, desvinculado do corpo. O trabalho de máscara é de conscientização corpórea, tornando-se um facilitador tanto no âmbito do desenvolvimento pessoal quanto no coletivo, pois amplia a capacidade para a escuta; traz prontidão e atenção em cena; torna-se potência para o jogo de improviso; possibilita tê-la como fonte primária de criação; auxilia no desenvolvimento do trabalho de voz; amplifica a presença do ator em cena; sensibiliza a visão em relação ao espaço; multiplica as possibilidades no trabalho de corpo e voz. Todos esses elementos foram estudados, trabalhados e incorporados no meu fazer artístico-pedagógico.

Pude perceber que o trabalho que desenvolvemos com a máscara, como facilitador no processo de criação do ator, possibilita ao intérprete uma gama infinita em relação ao trabalho corporal. Percebo a necessidade de se alcançar uma consciência corporal para se compreender o trabalho da máscara, mas, ao mesmo tempo, o próprio trabalho é um exercício de verticalização nesse sentido. Cria, portanto, uma relação sistêmica diretamente proporcional de constante troca, em que quanto maior o desenvolvimento e aprofundamento do trabalho, maior também será a consciência corporal no interior desse processo, ou seja, não há máscara sem um corpo.

Henrique Reis

Dentro do processo de pesquisa percebi muitas dificuldades, que talvez pudesse chamar de obstáculos a serem superados, como:

APÊNDICE – CONSIDERAÇÕES DE CADA "PESQUISATOR"   157

1. Tentar sempre descobrir o que podia fazer e o que não era para seguir fazendo.

2. Procurar não mudar tanto algo que já construí com uma máscara, mas também não permanecer na estaca zero. Essa, aliás, era uma inquietação constante, pois o jogo com a máscara sempre me traz novas possibilidades.

3. Controlar a ansiedade, já que a pesquisa era de longo prazo e, portanto, as respostas levavam um certo tempo para chegar.

4. Manter a concentração nos exercícios de aquecimento, especificamente nos de fluidos e cores. Nesses eu estava sempre longe, não faziam sentido nessa etapa do preparo do encontro. Não conseguia imaginar ou sentir.

5. Ficar preocupado em como fazer tal cena, tal máscara, me deixando dominar pelo medo do ridículo, do que estaria "errado", e aí inevitavelmente esperar que alguém aprove o que você está fazendo. Afinal, estar diante de pessoas que sabem muito mais do que você e convencê-las daquilo que você está apresentando, em alguns momentos me fizeram duvidar do que eu estava fazendo.

6. Brigar com a máscara, equivocando-me ao achar que ela deve te obedecer (ela não vai!).

7. Nos exercícios de clown percebia que sempre estava racionalizando o que fazer, e isso me trazia muita ansiedade, que também estava presente na vivência com a máscara expressiva quando achava que não estava fazendo nada, mesmo sabendo que menos é mais.

8. Tenho muita dificuldade em "aceitar" a proposta do outro, pois tenho a tendência de impor o que eu preparei.

Enfim, são dificuldades que me fizeram crescer, pois acredito que não as resolvi, mas agora sei lidar com elas com muito mais facilidade.

Engraçado que ao começar a falar das minhas facilidades, percebo certo paradoxo em um primeiro ponto, que é a boa sensação de liberdade que a pesquisa me proporcionou no sentido de ousar, testar e aplicar. Tal sensação me trouxe segurança. Nem eu entendo isso.

Outras facilidades que enxergo agora foram a relação com o texto pessoal na sua mistura com o texto clássico, o uso de máscaras diferentes, que proporcionavam estados e situações diversas, a exibição da mascarada e em seguida o resultado daquela experimentação, o jogo com os outros atores, quando me senti totalmente livre e à vontade diante das máscaras que eles estavam usando, mesmo com a dificuldade de aceitar a proposta do outro.

Os movimentos corporais foram outra facilidade que experimentei, e eles me auxiliaram muito no encontro do meu corpo, das minhas possibilidades, que, por sua vez, contribuíam para eu chegar a um estado.

Hoje, olho para todo o meu processo e percebo que houve um amadurecimento, porém ocorreu também certa confusão ao tentar usar tudo o que eu aprendi na criação e atuação teatral.

Identifiquei-me com a elaboração das cenas que partiam de um texto dramático. Mas quando experimentamos os jogos de improvisação e a permissão de testar alguma possibilidade, vi que a autenticidade fica muito evidente e isso é um caminho para o diferencial no desenvolvimento cênico. Jogar com as máscaras sem um texto já pensado facilita a criação de uma dramaturgia, principalmente quando estamos no coletivo. Vejo aqui uma possibilidade pedagógica incrível, um caminho que quero percorrer.

O trabalho com as máscaras possibilitou-me maior consciência do meu corpo e voz, e a partir do momento que tenho certa aprovação do que estou fazendo vejo um longo e delicioso caminho a percorrer. Isso contribui muito para meu fazer artístico e pedagógico, pois criar é o que eu mais gosto de fazer.

Continuo fazendo minhas descobertas, associando possibilidades que vejo em outras pessoas. A maioria das ideias aparece quando não estou na prática teatral, mas sim quando estou em meu cotidiano, ao dirigir, caminhar ou ao assistir à televisão. Então, assim que possível, levo essas inspirações e vou para a prática, utilizando os aquecimentos corporais, o conhecimento do meu corpo e da minha voz, bem como o uso de máscaras para contribuir com

APÊNDICE – CONSIDERAÇÕES DE CADA "PESQUISATOR"

a ideia, quando visto algo e automaticamente já estou praticando, ao menos em minha mente, alguma possibilidade.

Vou descrever como é o meu processo:

Começar com o silêncio é fundamental para mim. Nesse instante procuro me acalmar, prestar atenção na minha respiração, na minha postura e massagear meu rosto. Nesse momento é como se eu refletisse sobre o que eu estou fazendo ali, qual meu papel, o que eu tenho e o que eu pretendo conseguir. Depois, vou sentindo necessidade de fazer movimentos lentos e depois intensos, nos três níveis, trabalhando as articulações, de preferência com uma música, que eu mesmo imagino se não existe uma.

Gosto de acelerar para me trazer a sensação de exaustão e prontidão, porém nem sempre estou disposto para tal, o que é uma pena.

Então fico olhando para as máscaras, brigando com meu racional que insiste em criar algo antes, o que não permito, pois é bem claro que devo ir até a máscara.

Com o uso da máscara tento sentir as possibilidades corporais e vocais, até que me sinta em sintonia com ela. Começo a jogar, pensar nas circunstâncias dadas, perceber o próximo e criar sequências de ações coerentes com a sintonia inicial entre a máscara e eu.

Quando saio do encontro, no caminho para casa, acontece uma série de pensamentos e possibilidades, que nos dias seguintes pratico sozinho.

No retorno ao ensaio/encontro, tento propor e jogar, recebendo também a proposta do outro que está em cena comigo, embora esta seja uma dificuldade que eu tenho. Diante disso, sinto a necessidade de estudar o texto e a criação das improvisações feitas com o colega para me sentir mais seguro, menos preocupado, direcionando para algo mais orgânico e verdadeiro.

Procuro imaginar o local, criar imagens, mas sem ilustrar o que visualizo. Isso me ajuda muito, porém só acontece quando já estou, com certa apropriação da máscara ou vivenciando um estado.

Lindsey Zilli

Ao longo da pesquisa houve diversos momentos com as suas dificuldades e facilidades.

Em um primeiro instante, que foi o começo de todo o processo, tudo era descobrimento para todos, inclusive para mim. O processo era livre, tudo era experimento e muito novo. Surgiram muitas máscaras e cenas. Sentia que a cada encontro havia sempre uma evolução. As dificuldades tiveram início quando percebemos as afetações das máscaras e depois tínhamos que produzi-las novamente. Isso acontecia com algumas máscaras, e eu não tinha consciência dessas afetações.

Em seguida, a dificuldade foi começar a entender o que seriam as máscaras, a compreender que as máscaras não eram somente aquilo que colocávamos no rosto ou os objetos e os figurinos que usávamos, mas sim tudo aquilo que nos transformava.

Quando pensava que já havia entendido, eram lançadas outras perguntas. Foi quando tudo começou a ficar muito confuso para mim, e eu achava que não estava por dentro de nada; ora entendia e ora não. Eu "pirei" achando que estava por fora da pesquisa.

Depois teve as apresentações abertas das cenas levantadas e eu ainda me sentia muito confusa, tinha muitas dúvidas e não acreditava no que eu estava fazendo e no que era a pesquisa. Quando entramos de férias, escrevendo os relatórios foi que percebi que tudo estava fazendo sentido para mim.

Mas tive maior certeza quando, depois de apresentamos no Cepeca e no Tusp, percebi que as dúvidas de quem estava assistindo eram as mesmas que já haviam surgido para nós ao longo do processo, e que agora estavam compreendidas dentro de mim. A partir daí consegui entender melhor o processo.

O momento mais difícil da pesquisa foi a junção entre texto e máscara, porque quando começamos a trabalhar com o texto algumas máscaras já estavam criadas. Colocar o texto na pesquisa foi

APÊNDICE – CONSIDERAÇÕES DE CADA "PESQUISATOR"

realmente difícil. Exemplo disso foi o caso da máscara da Rainha, que me trazia apenas um estado: o de poder. Essa máscara já existia antes de o texto *Hamlet* ser escolhido. Então, quando coloquei o texto, só conseguia acessar o estado de poder, e, com isso, era estranho criar a personagem, não rolava muito.

Segundo exemplo: Uma máscara para mim representa uma coisa, mas ela na verdade é outra, como a máscara do "Saddam Hussein". Quando olho para essa máscara não vejo a personalidade e a história do Saddam, eu vejo uma máscara de um homem sarcástico, pois a utilização da máscara me traz isso.

Mas depois da nossa apresentação para a banca de qualificação, a Renata veio com outra proposta: experimentar outras máscaras e usá-las em diversos momentos do texto. Foi quando entendi como usar as máscaras no processo de criação de uma personagem.

Ainda é difícil ensaiar com as máscaras e depois sem elas, porque quando as retiro me sinto pelada, sinto o corpo desprotegido; consigo fazer a cena como se estivesse com as máscaras, no entanto sinto essa falta no meu corpo. De outro modo, quando começo sem as máscaras eu não sinto falta delas. Em um dos ensaios que fiz com o Brunno, não tinha levado minhas máscaras e fazia tempo que não ensaiava com elas, mas quando comecei a fazer a cena, eu as senti em meu corpo. Foi então que percebi que elas já estavam presentes em minhas ações, no meu caminhar e nas minhas falas.

Essa pesquisa foi fundamental para mim no que se refere a ganhar uma maior consciência do meu corpo em cena. As máscaras trazem uma maior possibilidade de perceber o corpo. Quando estou sem as máscaras, preciso observar se cada parte do meu corpo está do jeito certo. A partir disso comecei a ter maior consciência do meu corpo e assim me tornava mais presente em cena.

Fora da pesquisa ainda não tive muitas oportunidades de colocar em prática esse processo. Apenas em um momento: eu tinha uma personagem que não sabia como seria, então resolvi fazer do figurino uma máscara. Quando escolhi o figurino, deixei que ele me afetasse como máscara e assim surgiu a minha personagem criada através do estímulo máscara.

A pesquisa também me trouxe um mundo de conhecimentos e compreensão a respeito do que é pesquisar e se aprofundar em algo. Com certeza esse será meu método de criação para minhas personagens; a máscara traz milhões de possibilidades de criação.

Tenho máscaras que foram criadas ao longo desse processo e que ainda quero muito usá-las, como a de lantejoulas e echarpe vermelha de tule criada logo no começo da pesquisa no dia 24 de maio de 2010. Ela me trouxe um lado totalmente contrário ao meu.

Fazer parte desta pesquisa trouxe um crescimento muito importante na minha vida tanto *artisticamente* como *pessoalmente*.

Bibliografia

ACHCAR, Ana. O Jogo da Máscara: Escolha Vocabular e Recurso Metodológico. *Folhetim, Teatro do Pequeno Gesto*, Rio de Janeiro, n. 6, jan.-abr. 2000.

AMARAL, Ana Maria. *Teatro de Animação*. São Paulo: Ateliê, 1997.

_____. *O Ator e Seus Duplos: Máscaras, Bonecos, Objetos*. São Paulo: Senac, 2004.

AZEVEDO, Sônia Machado de. *O Papel do Corpo no Corpo do Ator*. São Paulo: Perspectiva, 2002.

BARBA, Eugenio; SAVARESE, Nicola. *A Arte Secreta do Ator: Dicionário de Antropologia Teatral*. São Paulo/Campinas: Hucitec/Unicamp, 1995.

BOLOGNESI, Mário Fernando. *Palhaços*. São Paulo: Unesp, 2003.

BONDÍA, Jorge Larossa. Notas Sobre a Experiência e o Saber de Experiência. Tradução João Wanderley Geraldi. *Revista Brasileira de Educação*, Barcelona, v. 19, jan.-fev.-mar.-abr. 2002.

BURNIER, Luís Otávio. *A Arte de Ator: Da Técnica à Representação*. Campinas: Unicamp, 2001.

CHAVES, Yedda Carvalho. *A Biomecânica Como Princípio Constitutivo da Arte do Ator*. Dissertação de mestrado, Departamento de Artes Cênicas, Escola de Comunicações e Artes, São Paulo, USP, 2001.

COSTA, Felisberto Sabino da. A Máscara e a Formação do Ator. *Móin-Móin: Revista de Estudos Sobre Teatro de Formas Animadas*, Jaraguá do Sul, v. 1, n. 1, 2005.

_____. *A Outra Face: A Máscara e a (Trans)formação do Ator*. Tese de Livre Docência, Departamento de Artes Cênicas, Escola de Comunicação e Artes, São Paulo, USP, 2006.

FALEIRO, José Ronaldo; GIANNETTI, Gabriela Corrêa; BERTOLI, Naiara Alice. Sobre a Poética da Atuação em Jacques Copeau: V Jornada de Iniciação Científica. Anais do XIX Seminário de Iniciação Científica de 2009. *Revista das Artes*, Florianópolis, v. 4, n. 1, 2009.

FALEIRO, José Ronaldo. Copeau e a Máscara. *Urdimento: Revista de Estudos em Artes Cênicas*, Florianópolis, Uesc, v. 1, n. 12, mar. 2009.

FÉRAL, Josette. *Encontros Com Ariane Mnouchkine: Erguendo um Monumento ao Efêmero*. São Paulo: Senac, 2010.

FERRACINI, Renato. *Café Com Queijo: Corpos em Criação*. Campinas: Hucitec, 2006.

FO, Dario. *Manual Mínimo do Ator*. Organizado por Franca Rame, tradução Lucas Baldovino e Carlos David Szlak. São Paulo: Senac, 1999.

GROTOWSKI, Jerzy. El Performer. *Máscara*. México: Escenología, 1992, reed. 1996. (Número especial de homenaje.)

HUNZICKER, Frederick Magalhães. *Do Chapéu ao Casamento: O Processo Criativo de um Espetáculo de Commedia dell'Arte*. Dissertação de mestrado, Departamento de Artes Cênicas, Campinas, Unicamp, 2004.

ICLE, Gilberto. *O Ator Como Xamã: Configurações da Consciência no Sujeito Extracotidiano*. São Paulo: Perspectiva, 2010.

KOUDELA, Ingrid Dormien. *Jogos Teatrais*. São Paulo: Perspectiva, 1992.

LECOQ, Jaques. *Le Théâtre du geste: Mimes et acteurs*. Paris: Bordas, 1987.

_____. *O Corpo Poético: Uma Pedagogia da Criação Teatral*. São Paulo: Senac, 2010.

LEABHART, Thomas. Mimo e Pantomima. Tradução e notas Luciana Cesconetto Fernandes da Silva. *Urdimento: Revista de Estudos em Artes Cênicas*, Florianópolis, Uesc, v. 1, n. 12, mar. 2009.

LOPES, Elisabeth Pereira. *A Máscara e a Formação do Ator*. Tese de doutorado, Departamento de Artes Cênicas, Campinas, Unicamp, 1991.

MARTINS, Elisabete Vitória Dorgam. *O Chá de Alice: A Utilização da Máscara do Clown no Processo de Criação do Ator*. Tese de doutorado, Departamento de Artes Cênicas, Escola de Comunicações e Artes, São Paulo, USP, 2004.

NIETZSCHE, Friedrich Wilhelm. Genealogia da Moral: Uma Polêmica. São Paulo: Companhia das Letras, 2009.

PAVIS, Patrice. *Dicionário de Teatro*. São Paulo: Perspectiva, 2008.

RODRIGUES, Nelson. *Teatro Completo de Nelson Rodrigues 2: Peças Míticas*. Rio de Janeiro: Nova Fronteira, 1981.

BIBLIOGRAFIA

RINALDI, Miriam. O Ator no Processo Colaborativo do Teatro da Vertigem. *Sala Preta*, São Paulo, v. 6, n. 16, 2006.

RUFFINI, Franco. A Mente Dilatada. In: BARBA, Eugenio; SAVARESE, Nicola. *A Arte Secreta do Ator: Dicionário de Antropologia Teatral*. São Paulo/Campinas: Hucitec/Unicamp, 1995.

SCUDELER, Camila; SILVA, Armando Sérgio da. Introdução: Histórico do CEPECA. In: SILVA, Armando Sérgio da (org.). CEPECA: *Uma Oficina de PesquisAtores*. São Paulo: Associação Amigos da Praça, 2010.

SILVA, Armando Sérgio da. *Oficina da Essência*. Tese de Livre Docência, Departamento de Artes Cênicas, Escola de Comunicações e Artes, São Paulo, USP, 2003.

———— (org.). CEPECA: *Uma Oficina de PesquisAtores*. São Paulo: Associação Amigos da Praça, 2010.

SHAKESPEARE, William. *Hamlet*. Tradução Millôr Fernandes. São Paulo: Peixoto Neto, 2004.

————. *A Tragédia de Hamlet, Príncipe da Dinamarca*. Disponível em: <http://www.escolasesc.com.br/public/files/44.pdf>. Acesso em: jul. 2011.

SPOLIN, Viola. *Improvisação Para o Teatro*. Tradução Ingrid Dormien Koudela. São Paulo: Perspectiva, 1987.

STANISLÁVSKI, Constantin. *A Criação de um Papel*. Tradução Pontes de Paula Lima. Rio de Janeiro: Civilização Brasileira, 1972.

————. *A Preparação do Ator*. Tradução Pontes de Paula Lima. 7. ed. Rio de Janeiro: Civilização Brasileira, 1986.

————. *Minha Vida na Arte*. Tradução Paulo Bezerra. Rio de Janeiro: Civilização Brasileira, 1989.

————. *A Construção da Personagem*. Tradução Pontes de Paula Lima. Rio de Janeiro: Civilização Brasileira, 2009.

ZAMARIOLI, Débora. Do Estímulo à Composição: Descobertas de uma Atriz Através de Princípios do Método BMC®. In: SILVA, Armando Sérgio da (org.). *Cepeca: Uma Oficina de PesquisAtores*. São Paulo: Associação Amigos da Praça, 2010.

Sites

B_arco – Centro Cultural. Disponível em: <http://www.obarco.com.br/>. Acesso em: 10 set. 2011.

Universidade de São Paulo – TUSP. Disponível em: <http://www.usp.br/tusp/?page_id=32>. Acesso em: 24 maio 2012.

Este livro foi impresso na cidade de São Paulo,
nas oficinas da MarkPress Brasil, em novembro de 2014,
para a Editora Perspectiva